AF179016

Tucholsky   Wagner   Zola   Scott   Schlegel
    Turgenev   Wallace   Fonatne Sydow   Freud
    Twain   Walther von der Vogelweide   Fouqué   Friedrich II. von Preußen
           Weber   Freiligrath   Frey
Fechner   Fichte Weiße Rose von Fallersleben Kant   Ernst   Richthofen Frommel
         Engels   Fielding   Hölderlin
    Fehrs   Faber   Flaubert   Eichendorff   Tacitus   Dumas
                Maximilian I. von Habsburg Fock   Eliasberg   Ebner Eschenbach
    Feuerbach   Eliot   Zweig
           Goethe   Ewald   Vergil
Mendelssohn Balzac   Shakespeare   Elisabeth von Österreich   London
    Trackl   Lichtenberg Rathenau   Dostojewski   Ganghofer
         Stevenson   Doyle   Gjellerup
Mommsen   Thoma   Tolstoi   Hambruch
           von Arnim   Lenz   Hanrieder   Droste-Hülshoff
Dach   Verne   Hägele
    Reuter   Rousseau   Hagen   Hauff   Humboldt
Karrillon   Garschin   Hauptmann   Gautier
    Damaschke   Defoe   Hebbel   Baudelaire
              Descartes   Hegel   Kussmaul Herder
Wolfram von Eschenbach   Schopenhauer
         Darwin   Dickens   Rilke   George
Bronner   Melville   Grimm Jerome
    Campe   Horváth   Aristoteles   Bebel   Proust
Bismarck   Vigny   Voltaire   Federer   Herodot
         Gengenbach   Barlach   Heine
Storm   Casanova   Lessing   Tersteegen   Gilm Grillparzer Georgy
    Chamberlain   Langbein   Gryphius
Brentano   Lafontaine
Strachwitz   Claudius   Schiller   Schilling Kralik Iffland Sokrates
    Katharina II. von Rußland   Bellamy
              Gerstäcker   Raabe   Gibbon   Tschechow
Löns   Hesse   Hoffmann   Gogol   Wilde   Gleim   Vulpius
    Luther   Heym   Hofmannsthal   Klee Hölty Morgenstern
       Roth   Heyse   Klopstock   Kleist   Goedicke
Luxemburg   Puschkin   Homer   Mörike
       La Roche   Horaz   Musil
Machiavelli   Kierkegaard   Kraft   Kraus
Navarra Aurel   Musset   Lamprecht Kind   Kirchhoff Hugo   Moltke
    Nestroy Marie de France   Laotse   Ipsen   Liebknecht
    Nietzsche   Nansen   Ringelnatz
       Marx   Lassalle Gorki   Klett   Leibniz
von Ossietzky   May   vom Stein Lawrence   Irving
Petalozzi Platon   Knigge
    Sachs   Poe   Pückler   Michelangelo   Kafka
    de Sade Praetorius   Mistral   Liebermann Kock   Korolenko
                        Zetkin

Der Verlag tredition aus Hamburg veröffentlicht in der Reihe **TREDITION CLASSICS** Werke aus mehr als zwei Jahrtausenden. Diese waren zu einem Großteil vergriffen oder nur noch antiquarisch erhältlich.

Symbolfigur für **TREDITION CLASSICS** ist Johannes Gutenberg (1400 — 1468), der Erfinder des Buchdrucks mit Metalllettern und der Druckerpresse.

Mit der Buchreihe **TREDITION CLASSICS** verfolgt tredition das Ziel, tausende Klassiker der Weltliteratur verschiedener Sprachen wieder als gedruckte Bücher aufzulegen – und das weltweit!

Die Buchreihe dient zur Bewahrung der Literatur und Förderung der Kultur. Sie trägt so dazu bei, dass viele tausend Werke nicht in Vergessenheit geraten.

Waldfräulein

Joseph Christian von Zedlitz

Impressum

Autor: Joseph Christian von Zedlitz
Umschlagkonzept: toepferschumann, Berlin

Verlag: tradition GmbH, Hamburg
ISBN: 978-3-8424-9462-6
Printed in Germany

Ziel der TREDITION CLASSICS ist es, tausende deutsch- und
fremdsprachige Klassiker wieder in Buchform verfügbar zu
machen. Die Werke wurden eingescannt und digitalisiert. Dadurch
können etwaige Fehler nicht komplett ausgeschlossen werden.
Unsere Kooperationspartner und wir von tredition versuchen, die
Werke bestmöglich zu bearbeiten. Sollten Sie trotzdem einen Fehler
finden, bitten wir diesen zu entschuldigen. Die Rechtschreibung der
Originalausgabe wurde unverändert übernommen. Daher können
sich hinsichtlich der Schreibweise Widersprüche zu der heutigen
Rechtschreibung ergeben.

Erstes Abentheuer.

Wie Waldfräulein geboren ward.

O Spessart, edler Forst, du bist
Der Wälder Preis zu jeder Frist.
Wie weit umher in Land und Gauen
Auch forschend rings die Augen schauen,
Mit deinen Buchen, deinen Eichen
Laßt sich kein andrer Wald vergleichen!
Wie Säulen schlank im Tempelraum
Stehn deine Stamme, Baum an Baum,
Und deine Wipfel wölben sich
Zum weiten Dom andächtiglich;
Und drüber lacht der Sonne Schein,
Und ihrer Strahlen hell Gefunkel
Blitzt durch das kühle Laubesdunkel,
Und wirkt grün goldne Lichter drein.
Es führet deiner Bäume Pracht
Der Strom weithin als edle Fracht,
Der Main trägt sie auf mächt'gem Floß
Zum Rhein, der in den salz'gen Schooß;
Denn dort das Schiff auf weitem Meer,
Das rüstig fährt im Sturm einher,
Hoch in der Luft die Masten stolz,
Gezimmert ist's von deinem Holz;
Die Eich' aus der sein Rumpf gebaut,
Sie wuchs dort, wo der Spessart blaut!

An Zauber reich zu allen Zeiten
War dieses ganze Waldrevier;
Ein Wunderschloß erhob sich hier
Voll nie geschauter Herrlichkeiten,
Erbaut von einer Feen Macht.
Was Fantasie an Zeit und Pracht
Nur träumen mag, hier war's zu sehen,
Verkörpert sah man's vor sich stehen. –
In diesen stillen Raum gebannt,

Mit Welt und Menschen unbekannt
Und dem Geschick, das ihm beschieden,
Haus't hier ein fürstlich Jungfernkind:
»Waldfräulein« und ihr Hofgesind.
So glüht ein strahlend goldner Stern
Am wolkenlosen Himmel fern,
In stiller Nacht verschwiegnem Frieden,
Wie hier die anmuthsreiche Maid,
Gezeugt in Lust, gezeugt in Leid.
Die Mutter, einem Knaben hold,
Gewährte, was sie nicht gesollt;
Daß sie verletzte das Gebot,
Versenkte sie in Gram und Noth.
Umsonst schlug sie die Augen nieder,
Sah sie im Nest die Vöglein brüten
Und sorgsam ihre Jungen hüten;
Bald wird zu eng das straffe Mieder,
Der schlanke Leib allmählig schwillt;
Und wie hervor die Beere dringt
Und sich dem Blütenkelch entringt,
Der die Verborgne nicht mehr faßt,
So fühlt sie wachsen ihre Last! –
Schon schmäht, was Lieb' und Stille schuf,
Erst leise, lauter bald der Ruf.
Da – fliehend ihres Vaters Zorn,
Lief Nachts sie aus dem Vaterhaus,
Mit zartem Fuß, durch blut'gen Dorn,
Verzweifelnd in den Wald hinaus!
Und auf dem grünen Rasengrund
Erreichte sie die schwere Stund;
Und gegen allen Hofesbrauch,
Hinter dem wilden Rosenstrauch,
Wo Farrnkraut stand und hohes Gras,
Sie eines Töchterleins genas. –
Das Kind spielt mit den Beeren roth;
Die Mutter lag erbleicht und todt!
Die Spessartsfee des Weges zog,
Den Rosenstrauch zur Seite bog;
Da fand sie auf der grünen Stätt'

Bald das unsel'ge Wochenbett.
Es schaute mit den Aeuglein klar
Das Kindlein – wird die Fee gewahr;
Es lacht ihr zu, greift nach ihr hin. –
Die Fee war hold, von mildem Sinn;
Sie faßt es flugs in ihren Arm
Und legt es an den Busen warm;
Und in sein Rosenmündlein klein
Steckt sie den weißen Finger drein.
Dran saugt das Kind mit ganzer Lust,
Als läg's an seiner Mutter Brust;
Drauf führt in ihrem goldnen Wagen
Die Fee zum Schloß Waldfräulein zart,
Wo sorgsam man der Kleinen wahrt.

Doch in dem Haus, aus dessen Mauern
Die Mutter jüngst entflohn mit Trauern,
War Gram und Herzeleid erwacht.
»Auf! Geht und sucht bei Tag und Nacht,
Späht aus um sie nach allen Seiten;
Bringt Jemand ihrer Spur ein Zeichen,
Dem will ich Lohn in Fülle reichen!« –
So sprach der Vater, der, einst hart,
Nun netzt mit Thränen seinen Bart! –
Die Knecht' in alle Winde reiten,
Doch – wie des Wegs die Kundschaft zog,
Wie sie bald rechts, bald links sich bog,
Hin durch des Urwalds düstres Grauen, –
Vom Fräulein ist nichts zu erschauen!

Schon zog sie müd' und hoffnungsleer,
Da brach was durch's Gebüsch daher! –
    »Horch! Was bricht dort durch den Dorn?«
    »Kommt der Wolf vorbei gestrichen!«
    »Warum kommt er träg geschlichen,
    Der sonst rennt in scharfem Zorn?«
    »Wolf, was blickst du so unmuthig,
    Hörst du's in den Lüften toben?
    Zieht die wilde Jagd dort oben,

Bellen Hunde, schnauben Pferde?«
    »Wolf, was ist dein Maul so blutig,
    Warum hängt dein Bauch zur Erde?« –
Und wie der Knecht den Jagdspieß hebt,
Der Wolf zu raschem Sprung anhebt,
Und läßt entfallen dem Maule schnell
Einen Goldpantoffel zu dieser Stell'.
Und wie die Knechte weiter gehn,
Gar bald sie vor der Todten stehn;
Die lag, ein stummes Marmorbild,
Gebettet auf den Rosen wild,
Noch unversehrt, ein schönes Weib;
Ein Schenkel einzig war am Leib
Verletzt! Es hat der Wolf, beflissen,
Darein mit scharfem Zahn gerissen,
Und, weggescheucht vom Feenwagen,
Hat er den Schuh mit fortgetragen; –
So fand das fürstliche Gesind
Die Todte ohne Schuh und Kind!

Sie führten nun vom Schreckensort
Die Leiche der Prinzessin fort.
Bald stand das Castrum aufgeschlagen;
Der Vater aber rauft das Haar,
Und schluchzet unter lauten Klagen!
»O harte Noth, o grausam Lieben!
Ob du gethan auch, was nicht recht,
Wärst du mir nur am Leben blieben!
Wer's immer war, der dich geschwächt,
Zum Ritter macht' ich gern den Knecht.
Ach! wer zum mindesten mir brächt'
Die Frucht, entfallen deinem Schooß,
Wie wär's ein Trost, so mächtig groß!« –
Da zogen Lenzschwalben vorbei, die sangen,
Die hellen Stimmen vernehmlich klangen:
»Wir ziehen fort, wir ziehen fort,
Wir bauen ein Nest an schön'rem Ort!
Waldfräulein schlummert, der Säugling hold,
In einer Wiege von hellem Gold;

Wir ziehen fort, wir ziehen fort,
Wir bauen ein Nest an schön'rem Ort!« –

Zweites Abentheuer.

Wie Waldfräulein aufwächst.

Im Waldesgrunde, ungesehn,
Wie viel vorbei auch Wandrer gehn,
Stand aufgebaut von Feenhänden,
Das Schloß mit unsichtbaren Wänden.
Ein Nebel dicht hüllt ein die Zinnen,
Hinaus zwar sehen die, die drinnen,
Doch selbst bei hellstem Sonnenschein
Sieht Niemand in das Schloß hinein.
Es rauscht an seiner Mauern Fuß
Des klaren Waldstroms Silberfluß,
Und weiter hin führt, durch die Irre
Von dunkelschatt'gem Baumgewirre,
Ein Pfad aus diesem Aufenthalt
Hinaus bald in den freien Wald!
Kein Reiz, der nicht die Gegend schmückt!
Hier ist was je ein Aug' entzückt:
Die Matten licht, die Büsche grün,
Der Riesenbäume Baldachin,
Die bunten Blumen mannigfalt,
Der Weiher still von Schilf umwallt,
Darauf der Schwan stillrudernd gleitet,
Der Reiher seine Federn spreitet;
Und tausend Stimmen in den Bäumen,
Und tausend Schimmer in den Räumen,
Und Wohlgeruch und Duft und Glanz
Und goldner Sonnenstrahlen Tanz,
Die, wie anmuthige Gedanken,
Im lindbewegten Laube wanken. –
O Spessart süß, o Spessart süß,
Holdselig Waldesparadies! –

Waldfräulein lebt' in diesem Schloß
Mit ihren Frau'n, und wuchs drin groß;
Der Tag, der Mond, das Jahr verging,

Im gleichen, ungestörten Ring.
Sie spielt und lacht; die Meist'rin werth
Sie emsig aufzieht und belehrt:
Wie Gott der Herr die Welt erschuf,
Und wie erstand auf seinen Ruf
Erst die Natur, nach der Natur
Der Mensch, die edle Kreatur.
Waldfräulein forscht mit offnem Munde,
Begierig jeder neuen Kunde;
Des Wissens Drang wächst mit den Jahren,
Wollt' immer mehr der Ding' erfahren;
Sinnt dies und das, fragt hin und her;
Der Meist'rin wird die Antwort schwer!
»Wo ist das Ei, das mich gehegt,
Hat's eine Henn', hast du's gelegt?« –

Doch ach, die Jahre fliehn geschwind,
Und eine Jungfrau wird das Kind!
Wie sich gemach der Schleier hebt,
Und unter seinen dichten Falten
Die zarten Formen sich gestalten,
Bis weiß und voll der Busen bebt,
Lüftet der Geist auch sein Gewand;
Ein Schmetterling am Blumenhügel,
Im Blütenhain, am Quellenrand,
Schwebt er dahin auf goldnem Flügel;
Und wie das Zwielicht weicht dem Tag,
Erwacht Waldfräulein allgemach,
Erwacht vom frühen Schlummertranke;
Entrückt ist sie dem Kindertraum,
Und auf der Stirne holdem Raum
Schwebt licht und glänzend der Gedanke
Jetzt erst vollendet steht das Weib,
An Seele schön, und schön an Leib! –

Leicht auf dem holden Nacken hebt,
Vom bunten Blumenkranz umwebt,
Das Köpfchen sich, so zierlich fein;
Die Locken hell, wie Sonnenschein;

Der Busen weiß, wie Bergesschnee,
Weiß, wie der reine Schwan im See;
Die Schultern licht wie Morgenglanz;
Der Gang, wie leichter Elfentanz;
Der schlanken Glieder reiche Zier,
O wer beschrieb sie nach Gebühr!
Und wo sie geht, und wo sie steht,
Ein Zauber durch die Büsche weht:
Mit rothem Aug der Auerhahn
Hebt auf dem Baum zu balzen an;
Das scheue Haselhuhn, geduckt
Aus wilden Brombeerstauden guckt;
Der Sprosser schlagt, die Drossel singt,
Und Lampe selbst voll Kurzweil springt;
Was in des Walds Bezirken lebt
In Fröhlichkeit und Lust anhebt –
Kommt durch den Hag mit leichten Tritten
Die wunderbare Maid geschritten! –
Noch sieht dich nur des Waldes Wild,
Bald wird, du süßes Engelsbild,
Ein Mann dich sehn! Er dich – du ihn –
O eile! – nein, nicht zu ihm hin!
O halte deinen Blick bewacht!
Eil' in des Waldes tiefste Nacht –
Den Elch, den Ur, jedwedes Grauen,
Du darfst's – nur ihn darfst du nicht schauen! –

Drittes Abentheuer.

Wie Waldfräulein schläft und die Fee erscheint.

So lebt am abgeschiednen Ort
Waldfräulein zwar vergnüglich fort,
Doch wie der Saft im Rebstock kreist,
So innen emsig wirkt der Geist.
Das ist die Zeit, wo die Natur
Einhergeht auf der Liebe Spur;
Wo, jede Hülle weggeweht,
Die Erd' im Brautgewande steht;
Geheimnißvoller Zauber webt,
Verwandtes zu Verwandtem strebt,
Und neue Kraft und neues Leben
Jedweder Kreatur gegeben! –
Der Heuschreck in dem Halmen hüpft,
Die Eidechs durch die Gräser schlüpft;
Durchzuckt vom Liebesstrahl der Sonne
Erschleußt der Kelche duft'ger Schooß
In Wald und Feld die Blumenwonne!
Es regt sich Lust im kleinsten Moos,
Die Quelle singt ihr Murmellied,
Das Fischlein nach dem Fischlein zieht;
Die Stute läßt die Weid' am Bach
Und eilt zum kühlen Waldesdach;
Sie sucht der Hengst, und wiehert laut,
Und hebt den stolzen Hals und schaut,
Und scharrt den Grund, und streckt den Schweif,
Und lauscht, und hält die Ohren steif
Und hoch die Nüstern in der Luft,
Und flüchtig über Strauch und Kluft,
Gleich wie der Sturm ohn' Aufenthalt,
Jagt hin das edle Roß zum Wald! –
So überall vom Halm zur Eiche,
In der Natur gesammtem Reiche,
Im Felde, wo die Lerchen steigen,
In allen Büschen, allen Zweigen,

Singt es der Vögel lauter Chor,
Ruft es der Quell dem Hain in's Ohr,
Der Wind dem Felsen es erzählt,
Daß Lenz der Erde sich vermählt!

Dieß ist die Zeit, wo die Natur
Einhergeht auf der Liebe Spur!

Waldfräulein fühlt's wie Lenzesdrängen! –
In ihres Busens stillen Engen
Schlägt bald das junge Herze laut,
Das Auge bald voll Wehmuth schaut;
Die Wange glüht; der Sehnsucht Brand –
Sie hat ihn nie zuvor gekannt!
Sie weiß nicht, was sie seufzen macht,
Sie will nicht, sträubt sich, singt und lacht –
Da fühlt sie in der Wimper schwer
Die erste Thrän' – o sagt woher?
Der Saft ist's, der der Reb' enttropft,
Wenn Lenzglut ihr im Herzen klopft;
Es ist die Zeit, wo die Natur
Einhergeht auf der Liebe Spur! –

Und wo am einsamsten der Forst,
Am dichtesten, und Alles stumm,
Kein Laut gehört wird rings herum,
Als wenn, umkreisend seinen Horst
Der Adler schreit aus hoher Luft
Und heisern Tons die Gattin ruft, –
Da weilt sie jetzt am meisten fast,
Da ist Waldfräuleins liebste Rast.
Dort sitzt sie still, blickt vor sich hin
Und seufzt, und denkt in ihrem Sinn:
Die Adler dort, sie sind zu Zwei'n,
Warum bin denn nur ich allein? –
Und als sie einst so in Gedanken,
Die Wimpern langsam niedersanken;
Die Augen fallen zu, geschlossen,
Die Glieder ruhen schlafumflossen! –

Sie schlummert sanft – da, horch! – ein Klingen,
Als hörte man die Engel singen,
Als tönten Harfen in der Luft;
Rings hauchen Rosen ihren Duft,
Die Silberquellen springen leuchtend,
Das Moos mit Demantregen feuchtend,
Und ziehn durch Blumenwiesen Kreise,
Anmuthig rieselnd, holderweise.
Zum Garten wird die Wildniß rund;
In Baumesgipfeln girren Tauben,
Die blüh'nden Ranken winden bunt
Sich um die frisch entsproßten Lauben,
Aus denen süß die Nachtigallen,
Die kleinen Frühlingsorgeln, schallen.
Und sieh! die mächt'gen Felsen spalten
Geheimnißvoller Macht Gewalten;
Sie sinken hin von beiden Seiten,
Zu goldnem Saale sich zu breiten;
Und licht strahlt auf der Marmorschwelle
Die Spessartfee, in Sonnenhelle! –
Es blendet selbst den Schlaf die Pracht!
Waldfräulein regt sich und erwacht;
Die sich auf kühlen Grund gestreckt,
Sieht, daß jetzt Sammt ihr Lager deckt,
Daß Blumen sich zum Baldachin
Ob ihrem Haupte wölbend ziehn.
Sie bebt! Da naht die Fee und spricht:
»Mein trautes Kind, erschrecke nicht!
Heut eben sind es sechzehn Jahr,
Seit in dem Grab, die dich gebar,
Seit schirmend dich *mein* Dach gehegt,
Dich mütterlich *mein* Herz gepflegt.
Zeit ist's, daß von der Mutter Loos
Dir Kunde werde, nun du groß!«
So nun die ganze Herzensnoth,
Der Mutter Gram und bittern Tod,
Und wie die Lieb' ihr bracht' Verderben
Und zeitig sie dem Grab vermählt,
Die gute Fee der Maid erzählt;

Auch läßt sie sie ein Zeichen erben;
Und jenen Goldschuh, den sie fand
Am Fuß der Todten, als der zweite
Dem Wolf geworden war zur Beute,
Sie um den Hals der Tochter band.
»Nimm, sprach sie, nimm ihn wohl in Acht!
So lang' du dieses Kleinod pflegst,
Niemanden giebst, nie von dir legst,
Hat Liebe über dich nicht Macht.
So lang' der Schuh dein eigen ist,
Wenn du mich rufst, wo ich auch sei,
Komm ich zu deiner Hilf' herbei;
Doch wird er je von dir vermißt,
Dann sind geschieden wir für immer;
Wie du auch rufst, du siehst mich nimmer;
Denn mit dem Schuhe kam und schwindet
Der Einfluß, der mich dir verbindet! –
Drum wahr' ihn wie dein Augenlicht,
Und wachend, schlafend, lass' ihn nicht!
Und thust du nicht nach dem Gebot,
Und wirst umstrickt von Liebesgarnen,
Trägst selbst die Schuld du deiner Noth;
Laß dich der Mutter Beispiel warnen!« –

Und unter Thränen, heißen, herben,
Vernahm Waldfräulein diese Mähr,
Was Liebe für ein Unglück wär'!
Noch unbekannt mit ihren Thaten,
Könnt' sie es nimmermehr errathen.
»O sag mir – schluchzte sie – ich fleh',
Was ist denn Liebe für ein Weh'?«
Die Fee darauf: »Mein liebes Kind,
Du lernst es wohl noch zu geschwind!
Lieb' ist ein Feuer, das den Herd
Sogar, auf dem es brennt, verzehrt;
Lieb' ist ein Giftkraut: wer es ißt,
Dem bald der Gram das Herz zerfrißt;
Lieb' ist ein Ungethüm, das gleißt,
Und schnell den, der ihm naht, zerreißt. –

Erschrecke nicht, versteh' mich recht:
Nicht alle Liebe, Kind, ist schlecht!
Die ächte Lieb', o Töchterlein,
Ist wolkenloser Himmelsschein,
Ist Rosenduft und Rosenglanz,
Ist aller Freuden lichter Kranz,
Ist aller Wonnen Blüthezeit,
Ist Seel'- und Leibesherrlichkeit!
Wohl kommt die Zeit, wenn meine Hand
Dir knüpfen wird das Liebesband.
Ein Jahr lang dauert dieser Bann;
Sobald sein letzter Tag verrann,
Und du gethan, wie ich befahl,
Erschein' ich dir zum zweitenmal;
Nicht ich allein: ich führe dann
Dir selber zu den schönsten Mann.
Drum geh' nicht nach der schlechten aus,
Die ächte Lieb' steht dir in's Haus« –
Waldfräulein will sich neigen tief –
Da sieh – zerrinnt die Fee in Luft;
Vorbei der Spuk, wie Nebelduft;
Sie ist am Ort, wo sie entschlief;
Die erst die Sinne ihr gebunden,
Die Zauber alle sind entschwunden;
Sie aber steht und denkt dem nach,
Was eben erst die Fee versprach.
»Ach – seufzt sie – steht mir Lieb' in's Haus,
Bleib sie nur nicht zu lang' mir aus!« –
Und findet ihr es nicht gescheit,
Daß von der Liebe vor der Zeit
Die Fee geschwatzt, mich geht's nichts an!
Der Maid sogleich den rechten Mann
Zu zeigen, statt in schlechten Bildern
Ihr Liebeslust und Weh zu schildern,
Wär' klüger wohl! – Fragt ihr, warum
Sie's nicht gethan, scheltet sie d'rum, –
Kann ich euch drauf nicht Antwort sagen;
Genug – so hat sich's zugetragen! –

Viertes Abentheuer.

Wie Waldfräulein Aechtern von Möspelbrunn erblickt.

Und wieder fast verfloß ein Jahr,
Um das Waldfräulein älter war.
Und wieder kam die holde Zeit,
Wo frisch der Wald im neuen Kleid,
Die holde Zeit, wo die Natur
Einhergeht auf der Liebe Spur.
Doch viel seither verändert war!
Die Mauer, die sonst unsichtbar
Des Schloßbezirks gefei'ten Frieden
Von dem Verkehr der Welt geschieden,
Entrückt ist sie dem Aug' nunmehr
Und frei der Weg von allen Seiten.
Waldfräulein flog entzückt umher
So weit des Spessarts Höhn sich breiten!
Was von der Fee sie jüngst vernahm,
Ihr nie mehr aus dem Sinne kam.
Den Goldschuh, einst von ihr empfangen,
Hat sie nie mehr von sich gelegt,
Und festgehakt mit goldnen Spangen,
Sie immer ihn am Gürtel trägt.
Daß nicht der Mutter Loos sie theile,
Und bang, daß draußen in der Welt
Ihr Lieb' ein trüglich Netz gestellt,
Kehrt sie erschreckt zurück in Eile,
War oft auch bis zum Waldessaum
Noch viele tausend Klafter Raum.
Den Blick nur in die Ferne sandt'
Sie ahnend aus, in's weite Land,
Das wie ein kaum erwachter Tag
Voll dunkler Räthsel vor ihm lag.
Ihr klopft das Herz mit mächt'gem Bangen;
Bald, weiß sie, endet ja der Bann,
Und von der Feen Hand empfangen
Soll sie den allerschönsten Mann.

Sie denkt daran den langen Tag,
Und Nachts, wenn sie im Bette lag;
Im Traum, im Wachen, wo sie geht,
Der Bräut'gam vor dem Blick ihr steht.
Doch *wie* der innern Augen Licht
Ihn ihr gemalt, das fragt mich nicht.
Noch war's ein Bild der Fantasie,
Den Mann *gesehn* hat sie noch nie.
Die ihr begegneten im Wald,
Wohl Männer sind's, doch häßlich, alt;
Ein Köhler, der am Meiler schwitzt,
Ein Bettler, der am Wege sitzt,
Ein Knecht, der hinterm Saumroß keucht,
Ein Bauer, der zur Mühle zeucht,
Sind nicht für sie, das sieht sie ein,
Ihr Bräut'gam muß ein Andrer sein! –
Und eines schönen Morgens, wo
Der Schlaf Waldfräuleins Auge floh,
Sprang sie vom Lager aus dem Haus,
Husch! in den duft'gen Forst hinaus.
Der junge Tag stieg grad empor,
Oeffnet des Ostens goldnes Thor,
Webt in die graue Dämm'rung sein
Purpurn' und goldne Streifen ein.
Ein heller Flimmer überall:
Der Morgenthau, der Tropfen Fall! –
Die Erde dampft – die Bäume rauschen –
Sonst Alles stumm! die Rehe lauschen –
Es äß't der Hirsch, er streckt das Ohr –
Eichhörnchen huscht am Baum empor!
Ein Vogel ruft – und wieder wach
Ein zweiter wird – und nach und nach
Wird hier und dort ein dritter laut!
Schon lockt der Tauber seine Braut –
Und endlich flötet, schmettert, girrt,
Pfeift, wirbelt, trillert, zwitschert, schwirrt,
Von Halm und Stand' und Zweig empor
Der Waldessänger ganzer Chor! –

Waldfräulein pflücket sich im Geh'n
Hagrosen, Klee und Tausendschön,
Und athmet ihren süßen Duft
Und trinkt die frische Morgenluft.
Da tönt ein Horn! Es bringt der Wind
Von fern den Schall; sie horcht geschwind. –
Und wieder tönt's, und wieder – Hei!
Da springt ein flüchtig Wild vorbei!
Und laut und lauter tönt der Wald,
Vernehmlicher das Hifthorn schallt,
Und Brakken, eifrig spürend, fegen –
Die breiten Ohren und die Nas'
Am Boden tief – den Thau vom Gras!
Waldfräulein eilt erschreckt vom Ort,
Rasch auf des Walds geheimsten Stegen,
Nach einer andern Seite fort;
Bis sie, an abgelegner Stelle,
Kein anderes Geräusch mehr hört,
Als süßes Murmeln einer Quelle!
Dort kann sie weilen ungestört.
Sie läßt sich nieder, denkt und sinnt,
Und hält die Hand hin in die Welle,
Die durch die schlanken Finger rinnt,
Wie fließend Silber, klar und helle!
Wie Laubes Schatten wechseln, wanken,
Fliegt von Gedanken zu Gedanken
Der Jungfrau Sinn! – Da, horch! – es bricht
Durch's Dickicht – naht – ein Wild ist's nicht!
Waldfräulein springt erschreckt empor!
Da tritt aus dem Gehölz hervor
Im Jagdgewand ein Ritter, prächtig,
Schlank, wie des Spessarts Buchen prangen,
Und hoch und herrlich von Gestalt,
Gebräunt das Antlitz, frisch die Wangen!
Als wär' er König hier im Wald,
Hält seine Hand den Jagdspieß mächtig! –

Waldfräulein zittert und erbleicht!
Ist's Ahnung, die sie jetzt beschleicht?

Sie will entfliehn, will fort – vergebens!
Am Boden wurzelt fest ihr Fuß,
Trotz alles Müh'ns und Widerstrebens,
Sie will nicht bleiben, doch sie muß!
Kalt rieselt's ihr durch Mark und Bein,
Gelähmt sind plötzlich ihr die Glieder;
Den Blick gesenkt zur Erde nieder,
Steht sie, ein bleiches Bild von Stein! –
Den Ritter süßes Staunen faßt.
»Wer bist du, sprich!« ruft er in Hast,
Starrt an das Wunder, das er schaut,
»Wer bist du, unvergleichlich Weib?
So weit der lichte Himmel blaut,
Nie sah mein Aug' so holden Leib!
Bist du der Elfen eine, sprich,
Die lieblich in der Mondnacht Glanz
Hinwehn im leichten Geistertanz,
Wie, – oder lebst du, so wie ich?«

Sie schweigt! – Von tiefer Angst beklommen
Wagt sie den Mann nicht anzusehn,
Der brünstig ihre Hand genommen;
Bewegungslos läßt sie's geschehn,
Daß er um sie die Arme wand.
Drin ruht sie ohne Widerstand,
Bis er auf ihren Mund, entzückt
Die Glut des ersten Kusses drückt!
Da zuckt ein Blitzstrahl durch sie hin!
Sie schlägt empor die blauen Sterne,
Heftet den langen Blick auf ihn, –
Doch, gleich als wär' die Seele ferne,
Giebt sonst kein Zeichen Leben kund,
Und stumm und lautlos bleibt der Mund.
»O! Ros' im tiefen Walde blühend, –
Wer bist du?« – ruft der Jüngling glühend, –
»Mit welchem Namen nennst du dich,
O Jungfrau süß? Antworte, sprich!« –
Und wieder überströmt die Süße
Noch viel entzündeterer Küsse

Die Maid! – Da stürzt ihr von der Wang'
Ein Thränenstrom, und zitternd, bang,
Haucht »Laß mich!« leis ihr Mund hervor!
Und gleich dem Reh ihr Aug empor
Schlägt bittend sie zu ihm, bis trunken
Von seiner Blicke Allgewalt,
Sie ihm bethört an's Herz gesunken. –
O süßer Zauber, wonnereich,
Wer spricht dich aus, was kommt dir gleich,
Wenn erste Liebe unbewußt
Aufblitzt in jugendlicher Brust;
Das junge Herz die ganze Last
Der neuen Seligkeit nicht faßt;
Ein Schauer durch die Sinne dringt,
Die Sehnsucht unter Wonnen ringt,
Nichts sieht, als des Geliebten Blick,
Nichts fühlt, als seines Kusses Glück,
Nichts hört, als sein viel süßes Wort;
Hingeben möcht' die ganze Welt,
Nichts eigen mehr für sich behält, –
Der Seele Schatz, des Leibes Hort,
Wie reich er sei – und nicht bedenkt,
Was sie empfängt und was verschenkt! –
So sank Waldfräulein willenlos
Hin in des schönen Jünglings Schooß! –

Von der Erstarrung ruft in's Leben
Sie jetzt der Lieb' allmächtig Weben!
Ein Feuerstrom wogt durch ihr Blut,
Die Wangen, erst in Ohnmacht blaß,
Blühn auf in dunkler Purpurglut;
Das Auge, das erst thränennaß,
Erglänzt, wie Frühlingsblitz' im feuchten
Schwarzblauen Wetterhimmel leuchten!
Und enger schlingt sich Arm in Arm,
Und immer fester Brust an Brust;
Sie trinkt den Athem liebeswarm, 3

Und giebt, nicht mächtig ihrer Lust,

Bald, Lipp' an Lippe festgedrängt,
Den Kuß zurück, den sie empfängt!
Und in dem süßen Liebesringen,
Indeß ihr Geist bei andern Dingen,
Und sie das Wort der Fee vergaß –
Entfiel der Goldschuh ihr in's Gras! –
»O du – so stammelt sie – o du!«
Da deckt sein Mund den ihren zu. –

O Spessart grün, o Spessart grün,
Ihr luft'gen Wolken drüber hin;
Ihr Wipfel all, ihr Kronen hoch,
Wölbt euch zu trauter Halle doch;
O breitet aus ein schirmend Dach,
Ein wollustreiches Brautgemach!
Schüttle die Zweige junger Flieder,
Die zarten Dolden blau und weiß;
O blüh'nder Schlee, du riechend Reis,
Hagrosen ihr, voll Liebesglanz,
O sendet eure Düfte nieder!
Ihr Blumen allesammt im Kranz,
Maiglocken, Veilchen, und am Quell
Vergißmeinnicht, ihr Sternlein hell,
O dient zum Pfühl der süßen Last,
Wenn sie der Bräutigam umfaßt;
Beut deinen weichen, üpp'gen Schooß
Zur Lagerstatt, o schwellend Moos! –

Laßt sie! die Zeit ist's, wo Natur
Einhergeht auf der Liebe Spur;
Wo jede Blum' den Kelch erschließt,
Vom Saft die Rebe überfließt!
Gewähren laßt die junge Lust!
Laßt an des Manns geliebter Brust
Die Jungfrau schmiegen ihren Leib,
Aus seinem Arm erstehn als Weib!
Als Weib, nun seines Herzens Herz,
Nun seine Wonne, nun sein Schmerz;

Und Er, ihr Lebenshauch seit heut,
Ihr Jetzt und ihre Ewigkeit.

Waldfräulein süß erstarret liegt,
Ein holder Kampf in ihren Blicken,
Von leichtem Schmerz und von Entzücken;
Die Wange blaß, der Busen fliegt.
Der Jäger, voll unnennbar süßen
Erstaunens, liegt zu ihren Füßen,
Und sieht, in Wonne hingeschmiegt,
Die holde Maid, die er besiegt! –
Es ruht ihr Aug' auf ihm; da rinnt
Ein Schauer ihr durch's Blut – sie sinnt –
Da trägt ein Strahlenwagen hell,
Hoch über Bäumen und Gesträuchen,
Die Fee hin durch die Wolken schnell;
Sie sieht mit strengem Ernst herab,
Und schwebt vorüber ohne Zeichen! –
Waldfräulein, ihr Gesicht bedeckt
Mit beiden Händen, ruft erschreckt:
»Leb wohl, leb wohl!«– – – O welch' ein Ton!
Der ganze Liebesschmerz ist schon,
Ihr ganzes künft'ges Weh', gedrängt
In diesen einz'gen Ton gezwängt!
Sie flieht! – »O bleibe – ruft er – bleib'!
Du bist mein eigen, bist mein Weib!
O du, du meiner Augen Licht,
Entzieh' dich meinen Blicken nicht!« –
Umsonst hält sie zurück sein Flehn,
Fort ist sie, fort; gejagt von Schrecken,
Verschwunden hinter Busch und Hecken,
Wie Elfen in der Luft verwehn! –
Der Ritter sinnt! – statt seinem Glück,
Blieb ihm der Goldschuh nur zurück. –

Fünftes Abentheuer.

Wie Waldfräulein zu Rothburgen kömmt.

Wie manche holde Jungfrau blühend
Verschenkt ihr Herz, ach, zu geschwind,
Gleich meinem unschuldsvollen Kind,
Wenn Lieb' in süßen Worten glühend
Sich einschleicht in ihr lauschend Ohr,
Anpocht an ihres Herzens Thor! –
Werft keinen Stein auf sie, o Schwestern,
Ihr fühlet heute, was sie gestern;
Denn Liebe, wißt, ist ein Geschick,
Entschieden schnell im Augenblick;
Ein Funk', und schon ist sie erwacht,
Als hätt' ein Sturm sie angefacht,
Urplötzlich, aus dem Nichts, für Zeit
Entglommen und für Ewigkeit! –
Wenn in dem leuchtenden Krystall
Des feuchten Auges ihr einmal,
Ein einz'gesmal den Blick versenkt,
Umsonst ihr noch zu fliehn gedenkt!
Wenn ihr getaucht in dieses Meer,
Grundlos, und doch so licht und hehr;
Saht ihr in seinem Spiegel mild
Einmal nur euer eigen Bild:
Ist hin der Stolz, den ihr genährt,
Ihr habt dann alles schon gewährt!
In euer stillstes Kämmerlein
Schlich sich verwegnes Wünschen ein;
Ein süßes Sehnen, selig Beben,
Durchschüttelt euer tiefstes Leben,
Wie Wind' in warmer Sommernacht
Befruchtend durch die Blumen wehn;
Um euer Herz ist's dann geschehn,
Denn glaubt – Gott hat es schwach gemacht.

Waldfräulein floh erschrocken fort
Von dem verhängnißvollen Ort;
Noch weiß die Ueberraschte kaum,
War's Wirklichkeit, war es ein Traum,
Als ihr im seligsten Umfangen
Ein frisches Leben aufgegangen,
Ein unbekanntes Glück getagt. –
Jetzt fühlt sie sich von Angst gejagt;
Denn bei der Feen strengem Blick
Kam die Besinnung ihr zurück.
Sie fühlte ihre Schuld nun klar,
Sie hatte Warnung, Rath vergessen,
Zu schneller Liebe sich vermessen;
Und noch vorbei war nicht das Jahr,
Sie noch nicht ledig ihrer Pflicht,
Des Worts, das sie der Fee gegeben.
Sie blickt nach ihrem Gürtel hin –
Der leere Haken hing wohl drin,
Allein der Goldpantoffel nicht! –
So wandelt sie in Kümmernissen,
Entzückt bald, bald durchwühlt von Pein;
Ruft bald begeistert, hingerissen:
»Ich lieb' ihn, lieb' ihn! Er ist mein! –
Er ist mein Glück, er ist mein Leben!«
Bald in des Herzens tiefsten Wehn:
»O hätt' ich nimmer ihn gesehn!« –
Sie eilt auf oft betretnem Weg,
Sie geht und geht – doch sonderbar –
Nimmt sie auch gleich die Gegend wahr,
So kann sie doch das Haus nicht finden,
Nicht Thor, nicht Mauer ist zu sehn! –
Schon will der Tag zu Rüste gehn,
Des Abends letzte Strahlen schwinden,
Und dichter stets wird das Geheg':
Es geht der Mond am Himmel auf,
Die Sterne ziehen ihren Lauf, –
Kein Schloß – der Spessart nur umher! –
Waldfräulein wird das Herze schwer!
Sie kann nicht mehr, ist mild' gehetzt,

Der zarte Fuß vom Dorn verletzt,
Die Kniee wanken – matt zum Tod
Sinkt sie dahin in ihrer Noth;
Einsam, verlassen in der Welt,
Unter dem offnen Himmelszelt,
Liegt hülflos sie im dunkeln Wald,
Und friert, durchnäßt vom Thaue kalt! –
O stille Nacht, o stille Nacht,
In zeichenvoller Sternenpracht,
Tritt aus des Himmels hehrem Haus
Und breite deinen Mantel aus!
Bring sanften Schlaf, bring süße Ruh,
Schließ ihrem Schmerz die Augen zu;
Lisch von der Seele Tafel mild
Des Grames Zeichen, daß gestillt
Die Qualen ruhn, die Sorgen bleich.
Ihr herbes Leid, o bett' es weich
Auf Schwanenflaum; jedwede Pein
Hüll' sie in zarte Binden ein! –
Und so geschah's! – Der Schlaf umzieht
Waldfräuleins müdes Augenlied,
Sie träumt, träumt einen Traum so süß,
Als schlummre sie im Paradies.
Sie ruft im Schlaf: »O du, o du!«
Und athmet fort, die Augen zu. –

Endlich wird's Tag und sie erwacht;
Die Sonne schon am Himmel lacht;
Die Vöglein sind erstanden schon,
Und grüßen sie mit süßem Ton.
Waldfräulein kennt die Vögel all'
An ihrem Sang und eignen Schall:
Den Buchfink, Mönch, die Drossel sein,
Den Hänfling und Zaunkönig klein;
Doch singen sie nicht heil ihr Herz,
Und aufgewacht, erwacht ihr Schmerz! –
Was soll sie thun, wo soll sie hin?
Wo ist die Welt, wer lebt darin?
Wo führt der Weg in sie? Wo hat

Waldfräulein Ruh und sichre Statt? – –
Sie springt empor; auf neuem Steg
Sucht heute sie zum Schloß den Weg;
Vergebens! Nirgends zeigt sich's mehr,
Fort ist's, und keine Spur umher,
Als lag' es in der Erde Gruft,
Als wär's zerstoben in die Luft! –
Da faßt, Verzweiflung schier ihr Herz! –
Sie schluchzet laut in heißem Schmerz,
Sie ringt die weißen Hände wund,
Sie spähet fruchtlos in die Rund'; –
Doch ach, kein Helfer ihr erscheint!
Waldfräulein jetzt zu sterben meint. –
Sie ist erschöpft, sie hungert sehr –
Da stehn im Walde rothe Beer' –
Nach ihnen sie sich emsig bückt,
Und sich die karge Labsal pflückt.
Und immer weiter irrt ihr Fuß;
Da hat ein Wässerlein den Fluß;
Sie folgt dem kleinen Bächlein still,
Gleichviel wohin es fließen will.
Und nach und nach wird minder dicht
Der Wald umher, und endlich licht.
Dran stößt ein kleiner Grasplatz grün;
Ein Zicklein an dem Laube rupft
Am Zaun, wo Ros' und Weißdorn blühn,
Und ab die herben Blätter zupft.
Und an den grünen Wiesenplan
Schließt sich ein enges Gärtchen an,
Ein kleiner, angepflanzter Raum,
Und drin ein blüh'nder Apfelbaum,
Der streckt weit seine Aeste aus,
Ueber ein ärmlich hölzern Haus,
Umstrickt von rother Bohnen Rank';
Und an der Thüre auf der Bank
Liegt in der Sonn' ein Kater blind,
Und wärmt sich aus, und pfurrt und spinnt;
Darneben sitzt auf Scheiterholz
Ein Gockelhahn, und krähet stolz. –

Ein dürftig Dach! – Es wohnt darin
Nothburga, eine Köhlerin,
Ein übellaunig altes Weib,
Mit dürrem, eingeschrumpftem Leib! –
Waldfräulein pocht mit zarter Hand –
Da kommt sie schnell herbeigerannt;
»Was willst du hier?« – schreit sie sie an;
Der Maid das Blut im Leib gerann!
»Ich bin verirrt, im Wald allein,
Ein hilflos Weib, erbarmt Euch mein!
O gönnt ein Obdach meiner Noth,
O reicht mir einen Bissen Brod,
Gott lohnt's Euch wohl mit andrem Gut!«
So spricht die Maid mit bangem Muth.
»Mein Haus ist nicht für dich bestellt –
Die Alte schreit – Sprich, hast du Geld?«
Darauf die Jungfrau: »Geld? ach nein!«
»So ding' bei mir zum Dienst dich ein!
Du kommst mir eben recht gelegen,
Ich bin um eine Magd verlegen;
Mir wird die Arbeit schier zu schwer,
Ich bin zu alt, nichts fördert mehr.
Du aber bist von Leibe kräftig,
Gelenk von Gliedern und vollsäftig,
Du stehst mir grade zu Gesicht,
Du bist die Magd, die mir gebricht!«
Waldfräulein drauf mit Aengsten spricht:
»Zur Magd taug' ich mein Lebtag nicht!«
Die Alte drauf: »Wir wollen sehn,
Sollst bei mir in die Lehre gehn!« –
»Ich bin des Schaffens nicht erfahren!«
»Du wirst es lernen mit den Jahren.«
»Ich kann nicht tragen und nicht heben –«
»Das wird sich durch die Uebung geben!«
»Meine Füße sind zu weich und zart –«
»Die werden bald im Holzschuh hart!«
»Auch meine Hände sind zu klein –«
»So webst du besser das Linnen fein!
Fort! trag den Kater in das Haus,

Du bleibst bei mir, und damit aus!
Und denkst du heimlich fortzuziehn,
So wisse, schwer ist's zu entfliehn,
Du fändest niemals aus dem Wald,
Und meine Hand erreicht dich bald!« –
Und ob Waldfräulein will, ob nicht,
Sie ist jetzt in der Alten Pflicht;
Die stößt sie in das Haus hinein,
Hängt hinter ihr den Bolzen ein,
Und wie sie fest gemacht die Thür,
Setzt sie ihr Brod und Molken für;
Und zeigt im Winkel ihr die Streu
Von Waldlaub und von dürrem Heu;
Geht in die Kammer dann hinein,
Und läßt die arme Maid allein! –
Da sitzt sie nun, das Herze wund!
Sie weiß genau zu dieser Stund,
Was für ein Weh' die Liebe sei;
Seit sie gesehn den Jüngling frei,
Seit sie sein erster Gruß gegrüßt,
Seit sie sein erster Kuß geküßt! –

Sechstes Abentheuer.

Wie Waldfräulein dienen muß.

Waldfräulein, als Nothburga's Magd,
Hat schwere Zeit, wird viel geplagt;
Bald muß sie jäten in dem Garten,
Bald muß sie sonst der Wirtschaft warten;
Jetzt muß sie Wasser holen gehn,
Dann wieder vor dem Herde stehn;
Muß kochen, backen, nähen, weben.
Den Ferkelchen ihr Futter geben,
Bald wieder melken gehn die Geis;
Bald, auf der Köhlerin Geheiß,
Begann der Kater zu miaun,
Dem garst'gen Thier die Ohren kraun! –
Und was sie that, nichts that sie recht,
Die Alte findet alles schlecht,
Und schilt sie aus den ganzen Tag,
Was sie auch immer schaffen mag.
Waldfräulein hat die beste Zeit,
Führt sie die Ziegen auf die Weid';
Dann in der tiefen Einsamkeit,
Gedenkt sie der Vergangenheit,
Und sein, der jeglichen Gedanken
Allein erfüllet, ohne Schranken;
Mit dessen Geist der ihre schwebt,
Von dessen Athem sie noch lebt! –
»Dies Alles – ruft sie inniglich –
Geliebter Mann, leid' ich für dich!
Und wär's noch mehr, ich trüg' es gern,
O du mein König, du mein Stern!
O daß ich dich erblicken könnt,
O wär' mir einmal nur vergönnt,
Noch meinen Arm um dich zu stricken,
Mein Herz an deines anzudrücken,
Zu fühlen den tief innern Drang,
Der mich bethörte, mich verschlang –

Ich wollte jauchzen, statt zu klagen,
Wollt' alle Wehn der Erd' ertragen!
Ja, hört' ich nur dein trunken Wort,
Sah' ich dein Auge nur, mein Hort,
Ich wollte sein ein selig Weib!
Ich wollt' abhärten meinen Leib;
Nahm', wie das scheue Wild im Wald,
Im Dickicht meinen Aufenthalt;
Wollt ruhen bei den Hirschen schnell;
Von wildem Honig, Wurzeln, Beeren,
Wollt' ich mich kümmerlich ernähren,
Zum Labetrunk den frischen Quell –
Säh' ich nur dich, nur dich, nur dich!
Nähmst du in deine Arme mich,
Und schlügen deiner Minne Flammen
Noch einmal über mir zusammen!« –

Wie so der Wünsche luft'ger Wagen
Von Raum zu Raum, von Stern zu Stern,
Durch alle Himmel sie getragen,
Bis zu des Lichtes tiefstem Kern,
Hört sie von fern Nothburga schrein
»Waldfräulein, treib' die Ziegen ein!«
Da plötzlich sank der Fittig wieder
Vom höchsten Flug zur Erde nieder,
Und vor ihr stand im gröbsten Kleid
Die allerrauhste Wirklichkeit;
Die harte Mühsal Tag um Tag,
Jedweder Stund' absondre Plag! –
»Ist denn kein Ende meiner Pein,
– Ruft sie mit thränenvollem Blick,
Und ist's bestimmt mir vom Geschick,
Daß mit Nothburgen im Verein
Ich meine Tage soll vollbringen?
Nein! nimmermehr! will lieber springen
In tiefsten Abgrunds finstres Grab!«
Beschlossen ist's: sie will entfliehn;
Sie weiß zwar freilich nicht wohin,
Doch ruft ihr Herz mit mächt'gen Schlägen:

»Zu ihm, zu ihm!« ihr laut entgegen!
Und wie sie mit der kleinen Heerd'
Am Abend wieder heimgekehrt,
Der Hahn mit seiner Hühner Schaar
Auf's Holz schon aufgeflogen war,
Sie Alles wie sie sollt' gepflegt,
Den Kater auf das Pfühl gelegt;
Da hing die Alte vor das Thor
Den schweren Bolzen wieder vor,
Und ging in ihre Kammer ein;
Waldfräulein aber blieb allein. –

'S war eine schöne, warme Nacht,
Vom Himmel schien in stiller Pracht
Der Mond durch's offne Fensterlein,
Waldfräulein recht in's Herz hinein;
Und lockend sang in süßem Fall
Ihr Lieblingslied die Nachtigall,
Ausschmetternd aus der kleinen Brust
All ihre Glut und Sommerlust! –
Waldfräulein faßt ein Herz sich kühn!
Sie schleicht vom Lager, heimlich, leise,
Zum Fenster, wo die Bohnen blühn;
Sie steigt hindurch vorsicht'ger Weise.
Zwar ist es klein, doch ist sie schlank.
Schon steht sie draußen auf der Bank
Mit einem Fuß, und zieht gemach
Das andre zarte Füßchen nach –
Jetzt ist sie frei – sie eilt davon! –
Da, plötzlich, wie mit einem Ton,
Wird in dem Hof und unterm Dach
Die ganze kleine Wirtschaft wach!
Es krähet, was er krähen kann,
Zu ungewohnter Zeit der Hahn;
Die Hennen fliegen, aufgeschreckt,
Vom Holz und gackern; meckernd streckt
Die Geis das Ohr; die Zicklein schrein;
Und laut miaut der Kater drein! –

So wird vom Lärm Nothburga wach;
Sie ahnt die Flucht, steht auf, und kaum
Durchschritt die Maid den Wiesenraum,
Springt rüstig ihr die Alte nach;
Und eh' die Jungfrau sich's versah,
Steht sie schon zürnend vor ihr da,
Und schlägt sie tüchtig hinter's Ohr.
»Das nimm für deine Flucht zum Lohn!«
Ruft ihr Nothburga zu mit Hohn –
»Gefällt dir schon mein Dienst nicht mehr?
Mich zu betrügen meinest du?
Mein Kind, damit hat's gute Ruh'.
Drum hüte dich, ich rath' dir gut,
Und laß vergehn dir solchen Muth!« –
So treibt sie scheltend vor sich her
Das arme Kind, das wohl die Flucht
Zum zweitenmale nicht versucht;
Zu Haus hängt sie den Bolzen ein,
Und schließt die Thüre wie zuvor,
Dann kehrt sie in ihr Kämmerlein!
Waldfräulein wünscht in ihrer Noth
Verzweiflungsvoll sich jetzt den Tod!
Doch als sie lang genug geweint,
Daß ein so hartes Loos sie traf,
Für das nicht Trost, nicht Hoffnung scheint,
Kam endlich statt dem Tod – der Schlaf!
Das ist der Jugend beste Gabe,
Daß, was sie auch zu leiden habe,
Was immer auch das Herz ihr quält,
Doch nie deshalb der Schlaf ihr fehlt! –

Siebentes Abentheuer.

Wie Caprus ein Weib begehrt.

Nothburga hatte einen Sohn,
Der war an dreißig Jahre schon,
Und hatt', so lang er auf der Welt,
Nicht aus dem Wald den Fuß gestellt.
So bald der Schnee im Forste schwand,
Und frei der Waldbach war vom Eise,
Und das Gesträuch in Knospen stand,
Die Störche kamen von der Reise,
Und Lenz, der junge König werth,
Mit Blüth' und Kränzen wiederkehrt:
Zog Caprus aus dem Köhlerhaus
Noch tiefer in den Wald hinaus,
Den er nicht eher mehr verließ,
Als bis auf's Neu' der Eiswind blies. –
Es baute Caprus Jahr um Jahr,
Dort wo das Holz am dicksten war,
Den Meiler auf. Auf ebnem Grund
Legt er im Kreis die Scheite rund,
Stülpt dann den Mantel drauf, wie's recht,
Ein wohl erfahrner Kohlenknecht;
Und wenn er ihn bedeckt mit Fleiß,
Entstammet er die Gluten heiß! –
So brennt am abgelegnen Ort
Der Meiler hübsch gelassen fort.
Er aber liegt im Schatten müßig,
So wie das Wild im Haidekraut;
Nur wenn der Ruh' er überdrüssig,
Er manchmal nach dem Feuer schaut.
Sonst lebte unser Caprus hier
Ganz wie das edle Waldgethier,
Und gab mit Denken spat und früh
Sich eben nicht besondre Müh! –
Auch war der Köhler grade nicht
Der schönste Mann von Angesicht:

Die Augen klein, und schief der Blick,
Die Nase breit, die Lippen dick,
Den Kopf auf kurzen Hals gestammt,
Die Haare struppig, ungekämmt,
Geschwärzt von Ruß die Hand und Wange –
So stand mit einer mächt'gen Stange,
Gehüllt in dicken, schwarzen Rauch,
Er auf dem Meiler oben drauf,
Und prüft und schürt, so wie's der Brauch,
Die Flamm' im glüh'nden Kohlenhauf! –

Nichts nahte diesem Orte je,
Wenn nicht vielleicht ein scheues Reh
Sich nahebei das Wasser sucht,
Und stutzt, und kehrt zur schnellen Flucht;
Oder im Holz ein Spielhahn schnalzt,
Und früh, noch eh der Tag graut, balzt.
Nur Caprus Mutter einzig dringt
Manchmal in diese Oed', und bringt
Vorräthe her von Zeit zu Zeit,
Zu zehren in der Einsamkeit.
Es war dabei von keiner Seit'
Ein Uebermaß an Zärtlichkeit;
Zum Willkomm kaum ein kurzer Gruß.
Nothburga liebt das Plaudern nicht,
Wenn sie nicht schilt, spricht sie auch nicht;
Auch Caprus ist von wenig Worten,
Und redet nur so viel er muß;
Er öffnet seines Mundes Pforten
Zum Essen nur; doch wenn er satt,
Er auch wohl andre Wünsche hat!
»Ich bleib' nicht länger mehr allein, –
Ruft er dann aus – ich will jetzt frein!
Ich will ein Weib!« drauf schweigt er still.
Die Alte dann: »Warum nicht gar,
Das hat noch Zeit bis über's Jahr!«
Und packt zusammen ihr Geräth',
Und macht sich auf den Weg und geht.
Und wie sie kam, so zieht sie fort,

Ohn' Willkomm, und ohn' Abschiedswort!
»Ich will durchaus ein Weib, ich will –«
Caprus noch einmal wiederholt –
Dann geht er mürrisch hin, und kohlt.
So war manch Jahr dahingeschwunden,
Und noch hatt' er kein Weib gefunden! –
Seit in der Alten hartem Zwang
Waldfräulein wund die Hände rang,
War eine Woche schon dahin;
Ach! die Erinnerung an ihn
War einzig ihr zum Trost geblieben!
Da eines Tags, als sie vom Schlummer
Erwachte zu des Tages Kummer,
Als sie geträumt von ihrem Lieben,
Rief ihr die Alte: »Mach dich fertig,
Und sei mit mir zu gehn gewärtig!«
Füllt einen Brodkorb bis zum Rand,
Nimmt einen Stecken in die Hand,
Und gibt der Maid den Korb zu tragen. –
Waldfräulein wagte nicht zu fragen,
Wohin der Weg führt, den sie gehn;
Ein Rettungsweg, sie zu befrein,
Hofft sie im Stillen, werd' es sein!
Bin ich nur, denkt sie, fern vom Haus
Erst einmal aus dem Wald hinaus,
Was immer dann auch mein Geschicke,
Den ersten Mann, den ich erblicke,
Will knieend ich um Hilfe flehn! –
Doch wie sie frisch auch vorwärts schreiten,
Nicht dünner wird der Wald, noch lichter,
Er schließt nur finsterer und dichter
Sich um sie her von allen Seiten;
Da sinkt der armen Maid der Muth,
Kein Ende sieht sie der Bedrängniß;
Was sie auch immer strebt und thut,
Umsonst, nichts endet ihr Gefängnis!! –
O daß hinströmen könnt' ihr Schmerz,
Erleichtern würd' es ihr das Herz:
Doch zitternd vor der Alten Zorn

Hält sie zurück der Thränen Born,
Und schluckt hinab die salz'ge Welle! –
So kommen endlich sie zur Stelle.
Da steht am Kohlenbrand geschäftig
Caprus, und rührt die Flamme kräftig.
Waldfräulein starrt ihn an voll Graus;
Die Alte packt den Vorrath aus,
Dann stößt sie mit verdrossnem Sinn
Waldfräulein schön dem Caprus hin.
»Hier ist das Weib, das du begehrt,
Der Zufall hat sie mir beschert!«
Und ohne sonst ein andres Wort
Geht flugs sie ihres Weges fort;
Und in der Macht des Köhlers hart
Läßt sie die Jungfrau hold und zart! –

Achtes Abentheuer.

Wie Aechter von Möspelbrunn sich wahrsagen läßt.

Herr Aechter tief ergriffen stand
Mit trüben und betroffnen Mienen,
Als sich Waldfräulein ihm entwand;
Er hatte nicht die Fee gesehn,
Die nur der Jungfrau war erschienen. –
»Was ist so plötzlich denn geschehn,
Was schreckt sie auf, was kann es sein,
Daß ihr vergällt den Liebeswein?
Was fand sie in des Bechers Grund,
Daß sie ihn schnell wegstößt vom Mund?«
Er blickt ihr nach, ruft sie – vergebens!
Fort ist das Kleinod seines Lebens! – –
»Du Rose, süß und wonniglich,
Bist, kaum erschlossen, schon verblüht,
Du Liebesstern, so minniglich,
Kaum aufgestrahlt, bist schon verglüht!
O Glück, das mich kaum angeblickt,
Was hat dich mir so schnell entrückt,
Daß ich von dir mit Gram muß scheiden?
Ist dies die erst' und letzte Stund',
Wo ich hab' deinen Rosenmund
Geküßt, dann weh, dann weh uns beiden!
Dann wär' fürwahr uns besser viel,
Statt diesem holden Liebesspiel,
Wir wären geblieben viel Länder weit,
Als daß wir im grünen Walde gefreit,
Wir hätten dessen mehr Gewinn!« –
So klagt Herr Aechter mit trübem Sinn.
Drauf stößt er in sein Silberhorn;
Da kommt herbei durch Stock und Dorn,
Des Ritters reis'ge Jägerschaar,
Die rings zerstreut im Walde war;
Umstellt ward ganz jetzt das Geheg,
Jedweder Weg, jedweder Steg

Durchsucht, die jungen Haue dicht,
Das hohe Holz – sie bleibt verschwunden,
Der Jungfrau Spur wird nicht gefunden!
Als nun die dunkle Nacht anbricht,
Trägt müd' Herrn Aechter heim sein Roß
Auf Möspelbrunn, sein altes Schloß! –

Herr Aechter fiel in Trübsinn schwer.
Ihn dünkt die Welt jetzt öd' und leer,
Seit sie sein Auge nicht mehr sieht,
Die holde Maid, die vor ihm flieht; –
Flieht – und ihn doch umschwebt im Geist,
Wie um das Licht die Motte kreist,
Die stets zur Flamme wiederkehrt,
Bis die sie aufnimmt und verzehrt! –
Wie sie nach dem Geliebten ringt,
Nicht mindre Sehnsucht ihn durchdringt;
Seit er die süße Rose brach,
Zieht es sein Herz dem ihren nach;
Seit er berührt den sel'gen Leib,
Dünkt fremd ihm jedes andre Weib.
Waldfräulein wünscht er, wenn er wacht,
Waldfräulein, wenn er träumt bei Nacht!
Und was ihn sonst erfrischt, erfreut,
Die Jagdlust und des Waldes Beut',
In hoher Luft des Falken Schrei,
Wenn er aufstiegt vom Ringe frei;
Die Brakken stark, der Renner wild,
Der Glanz der Waffen, Helm und Schild –
Und was sonst sein Verlangen stand,
Es dünkt ihm jetzt armsel'ger Tand!
Die kühne Lust, die jeden Tag
Frisch um das Leben würfeln mag –
Er ist dahin, der hohe Muth;
Erloschen ist der Wangen Glut,
Der stolze Blick wird trüb und matt,
Das Auge schaut so freudensatt;
Denn nichts ersetzt der heißen Brust
Den sel'gen Rausch der Liebeslust! –

»Mein Sohn! – Herrn Aechters Mutter spricht –
Was ist's, daß deine Wang' so bleich,
Daß du hinschwindest, Schatten gleich?
Den Kummer, den dein Herze trägt,
Vertrau' ihn der, die dich gezeugt,
An ihrer Brust dich hat gesäugt!« –
»Frau Mutter – drauf Herr Aechter spricht –
Frau Mutter mein, o fragt mich nicht!
Ich sah im Wald ein Fräulein hold,
Die trug ein Kleinod reich von Gold,
Das Kleinod hab' ich ihr geraubt!«
»Mein Sohn, dich täuschte Teufelstrug!
Im Spessart wohnt eine Hexe klug,
Von Antlitz ein holdselig Weib,
Doch unten schupp'ger Drachenleib;
Die tragt in ihrer Stirne sein
Einen großen hellen Edelstein,
Und eine Kron' auf ihrem Haupt:
Was zogst du nicht dein gutes Schwert
Und hiebst herab ihr Haupt zur Erd?«
»O Mutter, es war die Schlange nicht,
's war eines Engels Angesicht,
Es gleißte noch des Himmels Glanz
Auf ihrem süßen Leibe ganz;
Es floß der Sonne lichtes Gold
Um ihre weißen Schultern hold;
Wie das Vergißmeinnicht der Au,
Wie nach Gewittern der Himmel blau,
So blickt' ihr treues Aug' auf mich;
Gebenebeit sei's ewiglich!
Was mir in's Herz geküßt ihr Mund,
An all die Wonnen dieser Stund',
Ob hundert Jahr' ich leben mag,
Denk' ich bis an den letzten Tag! –
Und weil ich die, die ich erkor,
Kaum erst gefunden, schon verlor,
Will ich jetzt lassen Hof und Haus
Und ziehn auf Abentheuer aus!
Will reiten in die weite Welt,

Den Himmel über mir zum Zelt,
Will schiffen über's weite Meer,
Und denken nicht der Wiederkehr
Aus grauer See, aus Wüstensand,
Bis ich sie führ' an meiner Hand!«
»Mein Sohn, die Welt ist breit und lang;
Vom Aufgang bis zum Niedergang
Sind Stadt' und Meer' und Länder viel,
Was läufst du nach unsichrem Ziel?
Wie kannst du denn zu ihr gelangen,
Wenn du nicht weißt, wo sie gegangen!«
»Wohl sprichst du wahr; sie zu erreichen
Giebts nirgend ihrer Tritte Zeichen!
Ist's doch nicht anders, wenn sie geht,
Al« wenn der West durch Aehren weht!
O könnt' ich von dem Goldschuh hier, –
Der in dem Liebeskampfe mir,
Ein theueres Erinnrungspfand,
Zurückgeblieben in der Hand, –
Wo eingeprägt die Stapfen finden!
Umsonst! Sie ginge wohl auf linden
Frisch hingewehten Frühlingsschnee,
Und eher drückt ein flüchtig Reh
Von seinem Lauf die leichte Spur
In's kaum bewegte Gras der Flur,
Als sie, berührt ihr Silberfuß
Den Boden, wie ein luft'ger Kuß!«
»So hör' denn deiner Mutter Rath,
Eh' du beschließest nicht'ge That!
Reit' hin bis an des Waldes Rand
Gen Lohr, der Burg, wo sich die Hand
Die Rhönberg' und der Spessart reichen.
Dort stehn im Thalgrund sieben Eichen
Um ein unscheinbar Hüttendach;
Dort in dem Häuschen frage nach!
Es wohnt darin seit manchem Jahr
Ein Mütterchen, das sagt dir wahr.
Der Gang zu ihm wird dich nicht reuen;
Es steht nicht in des Satans Bunde,

Durch gute Geister hat es Kunde;
Das meldet dir in allen Treuen,
Wo du die Maid, die du gewannst,
Noch einmal wieder finden kannst!«

Herr Aechter so mit Freuden thut!
Er eilt hin, nach der Mutter Rath,
Gen Lohr, und sucht; – und sieh', er fand
Die sieben Eichen bald; auch stand
Im Kreis der Bäum' ein kleines Haus;
Und als er pochte, trat hinaus
Wohl hundertjährig, eisesgrau,
Zum Ritter eine Zwergenfrau!
Herr Aechter bietet art'gen Gruß;
Er will ihr nun den Kummer klagen,
Der ihn bedrückt, und eben fragen,
Was er wohl thun, was lassen muß?
Klein Mütterchen ihn unterbricht
Und also zu dem Ritter spricht:
»Herr Aechter – denn Ihr seid's; obgleich
Ich Euch nie sah, doch kenn' ich Euch!
Ich weiß, was Euch hierher gebracht!«
»Mich treibt der Liebe starke Macht!«
»Lieb' ist ein Ding, dem Alles weicht,
Das auch den Sichersten erreicht;
Dem nichts zu klein und nichts zu groß,
Der Mensch nicht, nicht der Wurm im Moos;
Und ihrem Willen unterliegt,
Was kreucht und geht, was schwimmt und fliegt! –
Auch weiß ich, ohne daß Ihr's sagt,
Was Ihr für Leid im Herzen tragt:
Waldfräulein ist's, an die Ihr denkt!«
»Ja, ihr hab' ich mein Herz geschenkt;
Von ihrem Schicksal such' ich Kunde!« –
»Ihr seid genaht zur schlechten Stunde,
Ich weiß von ihr nicht mehr als Ihr;
Die's wissen, wohnen weit von hier!
Zu meinen Schwestern müßt Ihr hin
Nach Köln der edlen Veste ziehn. –

Dort, wo die Stadt zu Ende geht,
Sankt Kuniberti Kirche steht,
Am flachen sand'gen Rheingestade;
Nahbei ein Haus. Dort höret Ihr,
Was Ihr vergebens fragt' von mir.
Doch eines nehmet wohl in Acht!
Gebt Euch nicht in der Sünde Macht;
Bleibt Ihr im Stande nicht der Gnade,
So ist umsonst die ganze Fahrt,
Dann lieber Eure Mühe spart!
Ihr werdet süße Stimmen hören –
Laßt Euch die Sinne nicht bethören;
Ihr werdet sehn manch schönes Weib,
Manch einer stolzen Jungfrau Leib –
Bleibt fern und folgt der Lockung nicht!
Ihr schuldet Eure Lieb' und Pflicht
Der jungen Braut, die jetzt, Euch fern,
Beweinet ihres Unglücks Stern;
Die Euch unschuldig, blüthenrein,
Entgegentrat im stillen Wald,
Und Euer ward, nur allzubald,
In aller Lieb' und allen Trenn!
Erliegt Ihr der Versuchung, wißt,
Waldfräulein dann verloren ist!
Sie gab Euch ihrer Zukunft Pfand,
Gab Leib und Seel' in Eure Hand;
Bewahrt Ihr's nicht, werft es dahin
In leichtem, frevelhaftem Sinn,
Dann späht Ihr fruchtlos nach um sie,
Sie ist dahin, Ihr seht sie nie.
Doch, wenn Ihr mannhaft widersteht
Den Lockungen, durch die Ihr geht,
Und kommt gen Köln, ein treuer Mann,
Dann sagen Euch die Schwestern an,
Wo Ihr Waldfräulein wiederfindet;
Dann ist befriedigt das Geschick
Und jeder böse Einfluß schwindet;
Dann ist vollendet Euer Glück,
Ihr tragt als Preis und werthen Lohn

Das höchste Erdengut davon;
Denn nichts ist köstlich wie ein Weib,
Die schönste Seel' im schönsten Leib!« –

So sprach die Alt'; als sie geendet,
Herr Aechter sich zu danken wendet,
Will ihr ein goldnes Kleinod geben. –
Zwergmütterchen den Dank verwehrt:
»Fahrt wohl, Herr Rittersmann, und denkt,
Wohin Ihr Eure Schritte lenkt,
Der Worte, die Ihr hörtet eben!
Wollt Ihr mir lohnen, ist mir's recht,
Doch nicht mit Gold! Geht hin und sprecht
Ein Paternoster meiner Seele,
Daß einst mir Gottes Reich nicht fehle!«
Sprach's, und drauf in die Hütte kehrt. –

Neuntes Abentheuer.

Wie Herr Aechter von Möspelbrunn gen Köln zieht.

Als unser Rittersmann vernommen,
Was fürder ihm zu wissen noth,
Eilt er zu thun nach dem Gebot.
Er läßt, als er nach Haus gekommen,
Entbieten in dem Gau umher
Die Zimm'rer all mit Aexten schwer;
Die fällen in des Spessarts Raum
Manch einen mächt'gen Eichenbaum
Zum Rumpf des Schiffs, das ihn soll tragen,
Wenn er hinab zum Rheine zieht;
Es soll von seiner Schönheit sagen,
Wer's auf dem Flusse gleiten sieht! –
Bald ist die edle Fähre fertig
Und liegt im Main, der Fahrt gewärtig.
Vergoldet reich ist ihre Wand;
Von gelber Seid' aus Samarkand
Sind Zeltdach und umher die Sitze;
Und von des starken Mastbaums Spitze
Ein Wimpel weht, darin ihr seht,
Gemalt auf einem Schilde rund,
Die Sonn', die hinter Wolken steht;
Und vorn entsprießt dem grünen Grund
Eine Sonnenblum', ihr Haupt geneigt;
Die Schrift umher die Worte zeigt:
»Ich welke!« – denn, gebricht das Licht,
Erglüht so Herz als Blume nicht. –
Als so die Fahrt gerüstet war,
Herr Aechter, eh' in's Schiff er steigt,
Sich erst vor seiner Mutter neigt,
Und stellt sich ihr zum Abschied dar.
Die schlingt um ihn die Arme rund
Und küßt zum Scheiden ihm den Mund,
Und heißt ihn ziehn mit Gottes Segen! –
Frisch stößt vom Land der edle Degen;

Dort steht er an den Mast gelehnt,
Indeß der Wind die Segel dehnt.
Der Ferg' am Steuer lenkt bedächtig,
Die treuen Knechte rudern mächtig;
So, auf des Mainstroms blauem Band
Schwimmt hin der Kiel durch's schöne Land
Von dessen Höhen in die Au'n
Viel starke, stolze Burgen schau'n;
Und Städt' und Münster mannigfalt,
Vom Abendsonnenglanz umwallt,
Spiegeln sich in des Stromes Flut,
Die widerstrahlt die Purpurglut.
So lenket aus dem schönen Main
Das Schiff hin, in den schön'ren Rhein! –

O Rhein, wie klingt dein Name hold,
Gleich einer Glocke, hell von Gold;
O fließe fort in stolzer Ruh,
Taufwasser deutschen Volkes du!
Wie hat Natur hier ausgestreut,
Was nur des Menschen Herz erfreut!
Die gelben Aehrenfelder kräuseln,
Durchwehet leicht von Windessäuseln;
Der grüne Forst zieht um den Rand
Ein breites, dunkelnächt'ges Band;
Wo heißer sich der Sonne Licht
An dem Gestein der Felswand bricht,
Dort kocht die Reb' am Herd der Glut
Ihr duftend Gold, ihr feurig Blut.
Es rasselt das Eisen zu dieser Stund'
In nahen Schachtes tiefem Grund;
Es horsten die deutschen Adler hier,
Die Edelfalken im Luftrevier;
Es springen die Hirsche vom Niederwald
Und schwimmen durch die Fluten kalt!
Und in die lichten Wolken hin,
Seltsame Luftgestalten ziehn:
Hin ziehen die Fürsten mit Kronen werth,
Hin ziehen die Ritter mit Schild und Schwert,

Die Jungfrau'n mit ihrem goldnen Haar,
Bischöf' im wallenden Talar;
Es tauchen die Nixen aus kühlem Bad,
Zum Tanz auf blumigem Gestad;
Es singen die Sänger zur Harfe laut,
Was sie im Nebel der Lüfte geschaut!
Sie singen fort bis diese Stund',
Noch ist geschlossen nicht ihr Mund;
Sie werden singen vom stolzen Rhein,
So lang er fließt in das Meer hinein! –

Herr Aechter fährt mit gutem Wind,
Die Wogen tragen ihn geschwind;
Der Himmel blau, die Wellen klar;
Denkt er an Trug nicht und Gefahr.
Da, wie die Brömserburg vorbei
Er hinfährt durch die Fluten frei,
Der Strom sich breitet hinter Bingen,
Da hört er's aus den Wassern klingen:
»Herr Aechter, fahr' nicht hinab den Rhein,
Kehr' bei den Töchtern der Fluten ein!
Hier unten in der Tiefe glatt,
Hier ragt die krystallne Nixenstadt;
Hier ruft dir die Lieb', o kehr' hier ein,
Hier locken die Freuden im rosigen Schein,
Hier wallen die Busen zart und weiß,
Hier pochen die Herzen von Gluten heiß;
O suche nicht fürder des Waldes Braut,
Dir winken im Wasser zwei Arme traut,
Dir wird zum Gewinn
Hier unten die schönste Königin!«
Herr Aechter hört's, da ruft er laut:
»Jetzt feiert nicht, Gesellen traut:
Jetzt frisch mit ganzem Muth geschafft,
Jetzt rudert mit der ganzen Kraft!« –
Und wieder tönt der Nixen Sang
Mit immer sehnsuchtssüßrem Klang:
»Der Erde Töchter, wie sind sie kalt,
Sie schwinden dahin und welken bald,

Wir aber sind blühend und ewig jung,
In nimmer befriedigter Sättigung!« –
Und lauter Herr Aechter ruft, und spricht:
»O schonet Eure Kräfte nicht,
Ihr wackern Schiffer, voran, voran!
Wir sind hier in der Nixen Bann;
Und wenn wir schleunig nicht entfliehn,
Das Schiff sie in den Abgrund ziehn!« –
Und wieder tönt zu seinem Ohr
Aus tiefer Flut der Nixen Chor:
»Herr Aechter, schiffe weiter nicht,
Es splittert dein Mast, dein Kiel zerbricht;
Wir lieben dich, mußt unser sein,
Wir ziehn dich in die Flut hinein!« –
Und wie sie kaum das Wort gesprochen,
Stößt flugs mit mächt'gem Stoß das Schiff
An ein verborgnes Felsenriff;
Es kracht die Wand, der Mast gebrochen,
Der Kiel sich wie ein Kreisel dreht;
Bald über ihn die Woge geht,
Der Strudel faßt ihn mit Gewalt;
Aufgähnt ein dunkler, weiter Spalt,
Und eh' empor ihr Angstschrei dringt,
Herrn Aechtern mit den Freunden all
Der brausend wilde Wasserschwall
In seine jähe Tiefe schlingt. –

Zehntes Abentheuer.

Wie Herr Aechter das erstemal versucht wird.

Als auf den Grund das Fahrzeug trieb,
Kaum so viel Zeit Herrn Aechtern blieb,
Daß er die Seele Gott befahl,
Nicht hoffend, daß er noch einmal
Oben des lichten Himmels Blau,
Die grüne Erde unten schau';
Er meinte traurig zu verderben,
Im Wasser sichern Tod zu sterben!
Doch, wie's geschieht im Leben oft,
Kam's anders, als er es gehofft.
Als ihn hinab das Wasser zog,
Er viele tausend Klaftern flog;
Doch wie er unten sich befand,
Er fest auf seinen Füßen stand. – –
Getreten war, das sah er gleich,
Er in ein fremdes Wunderreich
Von solcher Pracht und solcher Zier,
Daß ihm der Blick vergangen schier!

Am Rande, wie der Alpen Joch,
Ragen die Wasserberge hoch,
Von deren Scheitel, fort und fort,
In ewig sprühendem Bewegen,
Sich löst ein diamantner Regen.
Zuerst, wie volle Aehrengarben,
Steigt er empor in hundert Farben,
Und überwölbt, weit ausgespannt,
Den Thalrand bis zum andern Rand.
Und aus dem streitenden Getümmel,
Der Tropfen funkelndem Gewimmel,
Ein Rieseln tanzt der Silberwellen.
Ein Strahl bricht hier vor, einer dort,
Und endlich sprudeln hundert Quellen! –
Die, aus dem unterird'schen Haus,

Wo flimmern, durch der Klüfte Nacht,
Die Erz' im tief verborgnen Schacht,
Suchen mit Macht den Weg *hinaus*;
Und wie sie streben an das Licht,
So wieder stürzt, mit mächt'gem Brausen,
Gleich eines ries'gen Mühlrads Sausen, –
Bald dort, ein rebentrunkner Bach
Der obern Erd', bald da – sich jach,
Aus grünen Thälern mannigfalt,
Hervor aus Waldesschluchten dicht,
Aus mächt'ger Felsenwände Spalt,
Hinein in den gewalt'gen Schlund,
Und sprüht die Schäume bis zum Grund!
So ist ein Kreisen ohne End'
In dem bewegten Element,
Hier kommen Ströme in das Haus,
Dort rauschen andre wild hinaus. –

Und wie die Luft der Erde Ball
Umwölbt, so wölbt der Flut Krystall
Sich hier in ungemess'nen Bogen
Und hält den trocknen Raum umzogen.
Auch hier ist grünes, festes Land,
Berg, Thal und Felsen allerhand,
Und Bäum' und Blumen mannigfalt,
Nur andrer Farbe, Stoff, Gestalt;
Und wie der bunten Vögel Zug
Nimmt durch den Aether seinen Flug,
So tummelt sich das Fischgeschlecht,
Der Salm, die Karpfe, Sander, Hecht,
In dem durchsicht'gen Wogenbau!
Wie Pfeile durch der Lüfte Blau,
Kommt einer hier mit goldnen Flossen,
Ein silberfloß'ger dort geschossen,
Sternschnuppen gleich, die, durch die dunkeln
Nachtwolken niederzuckend, funkeln! –

In dieser unterird'schen Au,
Die im Krystallgehäus' der Flut

Wie unter einer Glocke ruht,
Blüht stolze Blumenpracht zur Schau;
Des Lotos Kronen, die auf schlanken
Stängeln, wie schlummertrunken wanken;
Seltsame Sterne, Kelche, Dolden,
Bald farbig bunt, bald silbern, golden,
Füllen mit fremdem, strengen Duft
Und Wohlgerüchen rings die Luft;
Schlingpflanzen netzen und umwinden
Die Stämme dicht; an Laubesdächern,
An hohen Rohren, Palmenfächern
Hängen in seltnem Formenspiel
Der unbekannten Früchte viel.
Denn im gesammten Wasserreich,
So bald sich Flüssiges will binden,
Strebt es zum Leben, Blumen gleich,
Und, wie die Pflanzen in's Gemein,
Schießt auch in Blüthen das Gestein!
Die bunten Muschelblätter schimmern,
Die Perlentrauben zierlich flimmern,
Man sieht zu äst'gen Dornenhecken
Korallen rothe Zweige strecken;
Ja, in die Blumenwelt hinein,
Gleich den Gebilden von Gestein,
Spielt selbst das Schalenthier von fern!
Ist's Blatt, ist's Frucht, ist's Blüthenstern? –
Hier ragt, in Mitten dieser Au,
Der Nixenstadt prachtvoller Bau.
Eine stolze Pfalz! Es wohnen drin
Die Nixen und ihre Königin!
Die hört man singen oft im Rhein
Verlockend süße Melodein,
Doch niemand hat sie noch erblickt;
Nur einmal alle hundert Jahr,
In stiller Nacht beim Mondschein klar,
Schweben sie auf im leichten Reigen.
Sie dürfen nicht der Tief' entsteigen;
Die Männer stürzten sonst, berückt,
Sich ihnen nach in voller Hast,

Und hätten nicht der Sehnsucht Rast! –
Die fassen jetzt Herrn Aechters Hand,
Der zögernd voll Verwundrung stand,
Daß er geborgen sei und lebe,
Und ihn ein solch Geleit umgebe!
Die dünkten Aechtern Erdenfraun,
So wunderreizend anzuschaun;
Nie sah er solcher Locken Gold,
Nie Wangen noch so licht und hold;
Es kündigten die huld'gen Mienen,
Daß sie willfährig ihm zu dienen;
Sie riefen ihm mit holdem Ton:
»Auf, wähle die, die dir gefällt,
Daß sie dir folg' um Minnelohn;
Wir sind zu deinem Dienst bestellt!«
Doch wie er in ihr Auge schaut,
Und sieht, daß drin kein Stern sich dreht,
Und daß er starr und glühend steht –
Unheimlich, wie Karfunkellicht,
Das grell aus finstern Grüften bricht, –
Ihm vor den feuchten Bräuten graut!
»Waldfräulein, wie hab' ich dein Auge gern!
Wie strahlt so süß bewegt sein Stern,
Ob Wonneschauer es erregt,
Ob's lächelt oder Thränen hegt!«
Darauf die Nixen lachen laut:
»Laß fahren, laß fahren des Waldes Braut,
Du hast noch die Braut nicht der Fluten geschaut!
Dir wird zum Gewinn
Hier unten die schönste Königin!
Wir wollen dich fahen und binden,
Mit goldnem Seil umwinden,
Und führen zu ihrem Thron!«
Sie nun um ihn die Arme flechten –
Da reißt Herr Aechter aus die Wehr,
Streckt seinen Schwertknopf vor sich her,
Und schlägt das Kreuz mit seiner Rechten:
Und sieh! Verschwunden ist der Spuk!
Das Schiff, mit einem heft'gen Ruck,

Mit Segel, Kiel, den Männern all,
Taucht aus des Wirbels wüstem Schwall,
Und, unversehrt, im Windeshauch
Schwimmt frisch dahin sein eichner Bauch.
Und nach tönt's höhnend durch die Flut:
»Fahr' hin, fahr' hin, du Ritter gut,
Verlach, um ein vergänglich Weib,
Der Nixen ewig jungen Leib!
Du bist noch nicht des Zaubers frei;
Wenn dich die Nixen hier nicht fingen,
So fängt dich wohl mit ihrem Singen,
Am Felsen dort, die Loreley!« –

Eilftes Abentheuer.

Wie Herr Aechter zum zweitenmal versucht wird.

Als so gedroht die wilde Schaar,
Herr Aechter jetzt nicht müßig war.
»Hört Ihr, er zu den Freunden spricht,
Hört Ihr, Ihr wackeren Gesellen,
Was uns der falschen Nixen Mund
Zum Hohn ruft aus des Wassers Grund?
Doch merkt auf meinen Rath Ihr auf,
So fährt das Schiff in sicherm Lauf,
Und wir entgehn den bösen Stellen! –
Wenn wir am Bug vorbeigelenkt,
Sich eine Felswand niedersenkt,
Und Berge schließen rings den Rhein
Wie einen engen Landsee ein, –
Dort auf der dunklen Felsenspitz'
Hat eine Jungfrau ihren Sitz,
Von übermenschlicher Gestalt;
Von solcher Schönheit Allgewalt,
Daß, wer sie sieht in ihrem Glanz,
Sogleich in ihr verloren ganz.
Sie singt mit wunderbarem Ton
Hernieder von der Bergeskron',
Und wem gemeint ihr furchtbar Lied,
Den's nieder in die Tiefe zieht;
Die schlägt die Harfe mit solcher Macht,
Daß Wahnsinn hüllt den Geist in Nacht;
Sie klagt vom Fels herab und ruft
Ihr Unglück in die leere Luft;
Ihr graunvoll waltendes Geschick,
Das Tod gelegt in ihren Blick,
Den Tod in ihres Munds Gesang,
Den Tod in ihrer Harfe Klang!
Drum, wehe denen, die ihr nah'n,
Sie sind dem Zauber unterthan!
Die Kraft wird da umsonst versucht,

Hier hilft nicht Widerstand, nur Flucht. –
Drum handelt jetzt nach meinem Wort:
Wenn wir genaht dem Schicksalsort,
Erhebt ein schallendes Geschrei,
Bis wir am Felsenrand vorbei;
Auf daß mein Ohr ihr Lied nicht höre,
Mich nicht sein mächt'ger Klang bethöre!
Und wenn wir sehn die Jungfrau nah,
Verdoppelt Eure Vorsicht da,
Und wehrt mir streng, deß seid gebeten,
Auf's Vordertheil des Schiffs zu treten,
Daß ich im Wahnsinn, sie zu frein,
Nicht toll hinabspring' in den Rhein!« –

Und so geschah's, wie er befahl!
Der Tag verschwimmt im Abendstrahl,
Es rauscht der Strom, die Tiefe braust,
Das Schiff hin durch die Wogen saust;
Es wetterleuchtet fern und blitzt –
Da hebt aus dunklem Wolkenblau
Der Fels sich, mächtig hoch und rauh!
Sieh! – dort die grause Jungfrau sitzt –
In ihres Leibes Freudigkeit,
In ihres Reizes Herrlichkeit!
Es glüht der dunkeln Augen Pracht,
Es wallt der schwarzen Locken Nacht,
Durch die ein weißer Lilienkranz
Sich schlingt mit geisterhaftem Glanz;
Und in des Blickes tiefer Glut
Der Jungfrau Bann und Vehmspruch ruht:
Der Liebe tiefster Seelendrang,
Und ihres Schicksals dunkler Zwang!
Sie fühlt der Wesen mächt'gen Zug,
Sie fühlt der Herzen ein'gen Flug,
Sie fühlt' die Wonn' und Schmerzen all',
Sie fühlt der Sehnsucht ganze Qual:
Nach Lieb' ein Dürsten ungestillt,
Der Becher da und nie gefüllt! –
Doch ob des Busens Ebb' und Flut

Hinwogt in ungelöschter Glut,
Sie *weiß*, daß kein lebend'ger Mann
Sein Herz an ihres legen kann;
Daß, wer sie in die Arme faßt,
Des jähen Todes sichrer Gast!
Doch lockt sie ihn mit falschem Gruß,
Sie ringt in Qual – allem sie *muß!* –
Sie sieht ihn mit bewegtem Sinn,
Und langt mit ihrer weißen Hand
Die Harfe von der Felsenwand,
Und rührt der Saiten vollen Klang! –
Herr Aechter horcht dem Zaubersang,
Der, wie des Schiffsvolks Lärm auch scholl,
Durchklang wie Erz, so hell und voll! –

        »Du Schiffer auf dem Rheine,
        Leg' an am Lorleysteine;
        Genieß vom goldnen Weine!
        Und willst du mich haben zur Braut,
        Will ich dich hegen und minnen traut,
        Das Brautbett ist aufgebaut!«

Als nun Herr Aechter den Gesang
Vernimmt, vernimmt den Harfenklang,
Und schlägt den Blick zu ihr hinauf,
Will hemmen er das Schiff im Lauf;
Die Knecht' indeß, taub seinem Wort,
Rudern aus allen Kräften fort. –

        »Du sollst von goldnen Tagen,
        Du sollst von Freuden sagen!
        Die Harfe will ich schlagen,
        Ich will mit der Stimme Gewalt
        Dir singen, daß Berg und Wald
        Erbebt und wiederhallt!«

        »Ich will dir küssen wund
        Deinen frischen rothen Mund,
        Willfährig zu jeder Stund';

Dich küssen bis deine Wange bleich,
Und, wenn du geworden eine Leich',
In Blumen dich betten weich!«

»Laßt los, laßt los – ich muß zu ihr –
Herr Aechter ruft – Ich bleib' bei dir!
Ja, ich will küssen deinen Mund,
Und wär' ich verloren zu dieser Stund'!
Wir wollen schlürfen den goldnen Wein,
In aller Liebe selig sein;
Dein schönes Antlitz, bleich wie Tod,
Soll bald erglühn wie Purpur roth!« –
Und als die Knechte stehn und schweigen,
Sich lässig zu gehorchen zeigen,
Hat bald er, in wahnsinn'ger Kraft,
Aus ihrem Arm sich aufgerafft;
Sie schleudernd, daß der Mastbaum wankt,
Und bis zum Grund das Fahrzeug schwankt. –
Da zogen Lenzschwalben vorbei, die sangen,
Die hellen Stimmen vernehmlich klangen:

»Wir ziehen fort, wir ziehen fort,
Wir bauen ein Nest an schön'rem Ort!
Waldfräulein! dem du dein Herz geschenkt,
Herr Aechter, deiner nicht mehr gedenkt!
Wir ziehen fort, wir ziehen fort,
Wir bauen ein Nest an schön'rem Ort!« –

Und wie Herr Aechter so gestimmt
Der Schwalben klagend Lied vernimmt,
Fällt's ihm wie Schuppen vom Gesicht,
Und wieder wird sein Innres licht.
»Waldfräulein!« ruft er, und sein Geist
Ihm ihr viel lieblich Antlitz weist,
Wie sich's in treuer Sehnsucht jetzt
Um ihn in heißen Thränen netzt! –
Der Ferg' indeß mahnt sonder Rast
Die Ruderleute an zur Hast,
Und wie sie streben, fliegt in Eil'

Das Schiff am Fels hin wie ein Pfeil;
Der Sang der Jungfrau aber schallt
Noch lang von fern, bis er verhallt. –
Und als nun die Gefahr vorbei,
Das Lied verstummt der Loreley,
War erst Herrn Aechters Freude groß,
Der, wie's ihn auch zuvor verdroß,
Und wie er erst voll Zorn gerungen,
Nun sah, daß die Gefahr bezwungen!
»Habt frohen Dank, Gesellen gut,
Für Eure Hilf und treuen Muth!
Schon hatte Wahnsinn meinen Geist,
Gleich wie ein böser Traum umkreist;
Verlöscht war der Erinnrung Licht,
Gelähmt die Kraft, der Will' zu nicht'!
Nun ist die Seele wieder frei,
Vorbei die Macht der Zauberei.
Seid mir gelobt denn, und gepreist!
Allein, der hehre Gott zu meist,
Der warnend mir der Schwalben Singen,
Der trauten Vöglein, ließ erklingen!« –
So sprach Herr Aechter, und vor sich hin,
Sah er mit tiefgerührtem Sinn. –
Es wallt der Rhein jetzt spiegelhell,
Der Mond erglänzt aus jeder Well',
Ein leichter, schmeichlerischer Wind
Im Segel spielt und bläht es lind.
Er fühlt das Herze fromm erhoben,
Möcht' dankend seinen Schöpfer loben;
Den Engel, der ihm gab Geleit,
Möcht' preisen er mit Freudigkeit.
Es steht vor seiner Seele mild,
Waldfräuleins huldig-süßes Bild. –

Der Tage zwei währt noch die Fahrt;
Da, gleich als schwimme sie im Strom,
Mit Zinnen, Thürmen, Münstern fromm,
Herr Aechter nun die Stadt gewahrt.
Vergnügt in seinem Herzen jetzt

Er sich, auf reichen seidnen Thron,
An seines Schiffes Schnabel setzt.
Und um Herrn Aechtern her, im Kreise,
Mit Hörnern, Zinken und Schalmeien,
Die Pfeifer sich und Spielleut' reihen,
Und blasen einen lust'gen Ton
Zum Gruße, hergebrachter Weise.
Gemach legt jetzt das Schiff an's Land,
Und haftet in des Ufers Sand! –
So adlig zog zu Köln am Rhein
Von Möspelbrunn Herr Aechter ein! –

Zwölftes Abentheuer.

Wie Herr Aechter Bescheid erhält.

Als nun Herr Aechter angekommen,
Er nicht gleich in die Herberg' rannt';
Nein, erst sich hin zum Münster wandt;
Und als er dort in frommer Pflicht
Ein kurz Gebet dem Herrn entricht't,
Dann hat er seine Ruh genommen.
Am Morgen drauf bei guter Zeit
Steht er schon fertig und bereit,
Sich um das Haus der Zwergenfraun,
Wie's ihm geboten, umzuschaun.
Sankt Kuniberti Kirche fand
Er ohne viele Müh' am Strand,
Und wie er geht noch hundert Schritt,
Er an die rechte Schwelle tritt.
»Willkomm' Herr Aechter, schön Willkomm'! –
So grüßen ihn mit Stimmen fein
Von ferne schon die Schwestern klein.
Kommt nur herein Ihr Ritter fromm,
Wir sind Euch zu empfahn bereit!« –
Herr Aechter, als ein feiner Mann,
Schickt ihnen mit der Hand zum Gruß
Von weitem zierlich einen Kuß.
Die beiden Alten lobesan
Erfreut sehr diese Höflichkeit,
Und eine zu der andern meint:
Herr Aechter guter Sitte scheint.
Eintritt der Ritter in das Haus
Voll Treppen, Gängen, Erkern kraus;
Im Flure steht, von Erz gegossen,
Ein bärtig Männlein, sieht verdrossen,
Gleicht einem zott'gen Waldgott schier.
Herr Aechter glaubt's, doch irrt er hier;
Das Männlein mit der Stange schwer
Es ist ein Mann von hoher Ehr';

Denn diesem Kämpen, gut und ächt,
Entstammt' dies winzige Geschlecht! –
Die Kleinen, Aechtern zu empfangen,
Kamen sogleich herbeigegangen
Und hängen sich an sein Gewand,
Und führen trippelnd an der Hand
Ihn zu dem Ehrensitz sogleich!
»Ihr seid fürwahr an Güte reich –
Herr Aechter spricht mit frohem Muth –
Und da ihr wißt, was mein Begehr,
So seid so gut und gebt mir Kunde:
Wo weilt Waldfräulein wohl zur Stunde?
Denn ihretwegen kam ich her;
Und was es koste sie zu lösen,
Ich thu's, im Guten oder Bösen!« –
Grauweiblein links mit Lächeln richt't
Den Blick auf ihn, und listig spricht:
»Ihr seid ein wackres junges Blut,
Doch macht Ihr was zu große Schritt':
Macht kleinere, so gehn wir mit!
Auch seid Ihr, edler Herr, verzeiht,
Zu kurz ein wenig angebunden!
Kaum daß Ihr uns habt aufgefunden,
Wollt Ihr gleich Eueren Bescheid;
Wer fällt so mit der Thür' in's Haus?
Wer artig ist bei Fraun, berührt
Erst dies und das, was sich gebührt;
Ihr aber macht Euch wenig draus:
Euch kümmert weder Frau noch Kind,
Nicht Mann, nicht Base, nicht Gesind.
Auch habt Ihr nicht, wie Ihr gesollt,
Wir sahn es wohl, als Ihr gekommen,
Des Ahnherrn Bild in Acht genommen,
Nicht sondre Ehrfurcht ihm gezollt!« –
»Verzeiht Ihr edlen Jungfräulein,
Ihr redet wahr, der Fehl ist mein;
Wollt Ihr mich drum noch ärger schelten,
Ihr mögt's, doch laßt mich's nicht entgelten!« –
Herr Aechter so, und neigt sich fein.

Und sittig lächelnd Antwort spricht
Grauweiblein rechts: »Nun, laßt nur sein,
Wir wollen drum Euch übel nicht!
Erfahrt denn, was nicht jeder weiß
Vom Baum, von dem *wir*'s letzte Reis,
Der herstammt aus dem hohen Norden,
Und an den Rhein versetzt ist worden!
Wißt, Herr, es sind die Zweige ächt,
Ein auserlesenes Geschlecht,
In das Natur mit Fleiß gelegt
Die besten Gaben, die sie hegt;
In Männer edle Tapferkeit,
So daß sich mancher Zwerg zum Streit
Vermaß mit Riesen ungeschlacht,
Obsiegend durch der Stärke Macht;
Die Frauen aber, zart und klug,
Kannten geheimer Dinge Zug. –
So lebten einst daheim die Zwerge
Als Volk zusammen in einem Berge.
Doch mancher suchte Heldenthum
In fremdem Land, und edlen Ruhm;
Von Albrich, der die Tarnkapp trug,
Erzählt Euch längst der Ruf genug;
Dem hörnen Siegfried, wie Ihr wißt
Bewacht am abgelegnen Ort
Er lang den Nibelungenhort,
Und niemals ward ein Deut vermißt.
Nun seht, Herr Albrich war ein Sippe
Von Herrn Udalphus mit der Hippe,
Deß edles Abbild Ihr, gesehn
Von Erz im Flur des Hauses stehn.
Und Herr Udalphus zeugt' uns drei,
Zu Lohr die Schwester, und uns Zwei.
Doch nun erlischt der Stamm im Land,
Wir sind die letzten ihm verwandt!
Das Maidenthum ist unser Will'!
Und haben wir sofort beschlossen,
Dem Herrn zu dienen unverdrossen,
In aller Wegen fromm und still;

Und sind mit unserm besten Wissen
Zu nützen aller Kraft beflissen!
Doch Guten nur hilft unsre Kunst;
Nicht die Unlauteren und Schlimmen,
Die Falschen, Lasterhaften, Grimmen,
Hat je getröstet unsre Gunst!« –
Herr Aechter rückt auf seinem Sitz',
Wischt von der Stirne sich die Hitz',
Und denkt: »so viel steht fest, es sind
Die Zwerge wie andre Menschenkind;
Die Fraun auf Erden sind alle gleich,
An viel unnützen Worten reich!«
Drauf nimmt Grauweiblein links das Wort,
Und setzt die Rede also fort:
»Ihr seid ein adlich fromm Gemüth,
In allen Treuen aufgeblüht,
Von edlem Kern ein edler Sproß,
Vom ächten Baum der ächte Schoß!
Auch sehn wir in der Zukunft weit
Des ganzen Stammes Herrlichkeit,
Der immer grünen wird und steigen,
Und nimmer seine Krone neigen,
Und, allen Ehren anverwandt,
Erlaucht wird stehn im deutschen Land! –
Weil Eure Liebe rechter Art,
Ihr Waldfräulein die Treu bewahrt,
Bleibt, seid getrost, die Ihr erkoren,
Auch Eurer Sehnsucht unverloren!
Und im Vertraun! die Braut zu sehn
Durftet Ihr nicht nach Köllen gehn;
Doch Eurer Sünden quitt zu werden
Gibt's keinen beßren Ort auf Erden!
Der heil'gen Könige Gebein,
Sammt den eilftausend Jungfräulein,
Die mit Sankt Ursula hierher,
Von fern gekommen über's Meer:
Wenn die für Euch ein Fürwort legen,
Dann bleibt ihr wohl auf guten Wegen!
Drum waschet erst am heil'gen Schrein

Die Makel des Gewissens rein;
Habt Ihr der Fehl' Euch abgethan,
Dann tretet Euern Heimweg an,
Und kehrt zurück zum Spessart grün!
Waldfräulein ist zwar jetzt in Noth,
Weil sie der Spessartfee Gebot
Vergessen, als sie Euch ersah,
Und, was nicht recht, von ihr geschah.
Doch bald zur Wonne wird ihr Leid;
Ein glücklich Ehbett steht bereit!
Kommt ihr nun heim, so rüstet Euch
Zur Veste Zabelstein sogleich.
Zieht hin, ein Ritter schmuck und kühn!
Ein Waffenspiel Herr Wipprecht hält;
Dort stellt, wie andre, Euch in's Feld;
Statt allem edlen Wappenbild
Und Zier auf Harnisch, Helm und Schild,
Tragt um den Hals Waldfräuleins Schuh;
Waldfräulein findet sich dazu! –
Und nun, Herr Aechter, Gott befohlen!
Ich weiß, es brennen Euch die Sohlen;
So geht, den Himmel im Geleit,
Er schenk' Euch alle Freudigkeit!« –
Herr Aechter, Freud und Dankes voll,
Weiß nicht, wie er's bezeigen soll;
Umarmt Grauweiblein links in Hast,
Grauweiblein rechts gleichweis umfaßt;
So daß die werthen Jungfraun beid'
Ein Kleines in Verlegenheit!
Grauweiblein links erröthend spricht:
»So was geschah mein Lebtag nicht!«
Grauweiblein rechts: »Einen Kuß in Ehren,
So sagt der Spruch, kann Niemand wehren!«
So ließen beide, statt zu schelten,
Den Uebermuth Herrn Aechters gelten! –

Bedenkt man's recht, so scheint's, es muß
Was Süßes sein um einen Kuß! –

Dreizehntes Abentheuer

Wie Waldfräulein zum Einsiedel kömmt.

Indeß Herr Aechter unbeschwert
Vom Rheine nach der Heimath kehrt,
War, wie ihr wißt, Waldfräulein zart
Im Forst allein bei Caprus hart.
Der Köhler sich die Maid beschaut,
Er ist zufrieden mit der Braut;
Sie dünket ihm zum Zeitvertreib
Beim Meiler grad das rechte Weib.
Noch spricht er nicht, noch bleibt er stumm,
Macht nur ein freudiges Gebrumm,
Thut endlich auf des Mundes Thor
Von einem bis zum andern Ohr;
Und wie das Pferd aufwiehert laut,
Wenn es von fern den Hafer schaut,
Er laut aufjohlt, daß rings der Wald
Und weit die Gegend widerhallt!
Waldfräulein schreckt zurück, erblaßt;
Caprus sie in die Arme faßt,
Und wie er sieht ihr Antlitz bleich
Und farblos, einer Todten gleich,
Spricht er verwundert vor sich hin:
»Was fährt dem Weibe durch den Sinn?
Sie ist ja scheuer als ein Reh,
Gewiß schlug sie die Mutter eh!«
Will wieder mit den Händen breit
Der Jungfrau schlanken Leib umfangen,
Und streicheln ihre bleichen Wangen!
Die Maid aus vollem Halse schreit,
Und mit verzweifelnder Geberde
Wirft sie entsetzt sich hin zur Erde!
Caprus steht fast verblüfft daneben,
Und weiß nicht was er sagen soll!
»Mir scheint die Dirn' im Haupte toll!
Doch nein! Vielleicht ist's mein Gesicht,

Das sie erschreckt, – was sagt sie's nicht?
Wohlan, ich will mich waschen eben!« –
Und läuft hin zu dem Brunnen gar,
Und reibt sich Stirn und Wangen klar,
Doch wie er wäscht und wie er reibt,
Er dennoch ziemlich rußig bleibt! –
Der gute Caprus ungeschlacht
Meint, da er jetzt sich rein gemacht,
Sei er ein ganz so feiner Mann,
Als eine Maid nur wünschen kann!
Je mehr er auf Waldfräulein schaut,
So mehr ihm lieblich dünkt die Braut,
Und ärger als des Meilers Glut
Hitzt bald ihr Anblick ihm das Blut.
Er weiß sich kaum vor Lust zu lassen.
Wollt' sie in seine Arme fassen,
Und, als ob trunken er von Meth,
Ihm das Gehirn im Kreise geht!
Für alle Ding' in der Natur
Ist Liebe stets dieselbe Sache,
Und doch spricht jede Kreatur
Sie aus in ganz absondrer Sprache.
So Mensch als Thier! bald stürmisch, wild,
Bald süßer Sehnsucht voll und mild,
Und anders klingt das selbe Wort,
Spricht's dieser hier, spricht's jener dort!
Und wie die Stimm', so Aug', Gesicht –
Die Lieb' aus jedem anders spricht! –
Auch unser Caprus, naht der Braut
Mit ganz absonderlichem Laut!
Ein Mischlaut ist's; man hörte schier
Etwas in ihm von jedem Thier:
Das gluckst und gröhlt, wiehert und schreit.
Sein Antlitz zog sich mächtig breit;
Er lacht in sich, doch würde meinen
Ein Jeder, daß es sei ein Greinen! –
Waldfräulein lag noch hingestreckt
Am Boden, ihr Gesicht bedeckt,
Als Caprus in die Höh' sie rückt

Und ihr die Hand vom Auge drückt.
»Wohlan, gewaschen bin ich nun,
Laß uns wie andre Leute thun!
Du bist nun eben jetzt mein Weib;
Daß mir im Wald ein Zeitvertreib,
Bracht' dich die Mutter her zu mir!
'S ist nicht so schlecht am Meiler hier;
Und bist du's erst gewohnt, gefällt
Dir's nirgends besser in der Welt!« –
So Caprus spricht und zieht die Maid
Zu sich. Die widerstrebt, und schreit
Noch ärger als sie erst geschrie'n,
Und auf den Knien fleht sie ihn:
»Willst du mich tödten, leid' ich's gern,
Doch laß von mir, und bleibe fern;
Ja, eh ich dir zu eigen bin,
Sei zehnmal mir der Tod Gewinn;
Er ist mir ein viel süß'rer Gruß,
Als dein, als jedes andern Kuß!« –
Wie so die Maid, zitternd und bleich,
Verzweifelnd, einer Irren gleich,
In Angst die zarten Hände ringt,
Bald wieder seine Knie umschlingt –
Steht Caprus ganz verwundert da,
Begreift durchaus nicht, was geschah!
»Zu nichts ist doch die Alte gut!«
Spricht er dann mit verdross'nem Muth –
»Erst mußt' ich warten manches Jahr;
Nun bringt sie eine Tolle gar!
Was führt' dich denn die Mutter her,
Wußt' sie's, daß du im Kopfe quer?«

Einsiedel mit der Kutte lang
Ging eben seinen stillen Gang,
Betrachtend fromm, wie auf den Höhn
Der Herr gemacht den Wald so schön;
Wie rings durch ihn ein heilig Weben
Hinstreicht, ein mild bewegtes Leben,
Und wie doch die gemess'ne Statt

Jed' Ding im Haus der Schöpfung hat!
Einsiedel war ein frommer Mann,
Der früh der Welt sich abgethan,
Und manches Jahr schon bracht' in Ruh
Und heiliger Beschauung zu.
So kam im braunen härnen Rock,
Mit breitem Hut und Knotenstock,
Er durch des grünen Spessarts Mitten
Im warmen Mittagsstrahl geschritten,
Ein Körbchen in der andern Hand.
Das hat er dicht bis an den Rand
Mit rother Waldbeer sich gefüllt.
Dicht bei aus Stein ein Brünnlein quillt;
Dort an dem frischen Wasserstrahl,
Will halten er sein einfach Mahl.
Da hört er in den Wald hinein
Verzweiflungsvoll um Hülfe schrein!
Und ohne Säumen nach dem Ort,
Von dem der Schrei kam, eilt er fort;
Und alsbald er den Meiler fand,
Und vor der Maid und Caprus stand! –
Einsiedel, der die Menschen kennt,
Sieht gleich, welch Feu'r den Caprus brennt,
Und daß er nicht vom Kohlen roth –
Und sieht die Jungfrau hart in Noth! –
Die, wie sie schaut den würd'gen Mann,
Sogleich zu seinen Füßen fällt,
Ihn fest am Kuttenstricke hält,
Und flehet ihn um Rettung an!
Einsiedel, heil'gen Eifers voll,
Spricht, wie ein Frommer sprechen soll:
»Mein Schutz sei Jungfrau Euch gewährt!«
Und drauf sich gegen Caprus kehrt:
»Wo lerntest du ein solch Gebot,
Zu bringen eine Maid in Noth,
Ruchloser, tölpischer Geselle?
Ich aber sage dir: Laß ab!
Ich bin jetzt dieser Jungfrau Stab!«
Und führt Waldfräulein fort zur Stelle. –

Caprus steht lang versteinert gar,
Die beiden Händ' im strupp'gen Haar,
Und aufgerissen weit den Mund!
Lang stocket ihm das Wort im Schlund,
Bis endlich er im Ingrimm ruft:
»Einsiedel, du unnützer Schuft,
Die Pest auf dich, du Unglückssohn!
Was führst du mir mein Weib davon?
Müßt' ich nur deinen Stand nicht ehren,
Ich wollte dir die Platte scheeren!«
Stößt in den Meiler drauf, erglüht,
Den Schürbaum, daß es Funken sprüht. –
»Und war sie auch im Haupte quer,
Wo nehm' ich eine andre her,
Nun die der Gauch hat weggeholt!«
Spricht's – und geht mürrisch hin und kohlt!

Seitdem ist manches Jahr verschwunden,
Und noch hat er kein Weib gefunden! –

Vierzehntes Abentheuer.

Wie Waldfräulein beim Einsiedel herbergt.

Es zieht in sicherem Geleite
Die Maid an des Einsiedels Seite
Durch Berg' und Waldeskrümmen hin.
Noch bebt und zittert sie, und lang
Fliegt noch ihr Busen ängstlich, bang;
Doch endlich heitert sich ihr Sinn.
Einsiedet spricht ihr trostreich zu,
Und bringt ihr scheu Gemüth zur Ruh'! –
Waldfräulein fühlt sich neu gestärkt,
Und im gottseligen Gespräche
Sie kaum den rauhen Pfad bemerkt,
Der aus des wald'gen Thales Fläche,
An einem breiten, wilden Bach
Sie aufwärts führet, allgemach,
Ueber Geröll und Steingedräng,
Durch eine Schlucht, den Felsweg eng. –
»Wie dank' ich Euch, ehrwürd'ger Mann,
Daß Ihr in meinen Kümmernissen
Mich aufzurichten so beflissen!«
Spricht sie und blickt gerührt ihn an.
Einsiedel seufzte tief und schwieg,
Das Blut ihm in die Wange stieg! –
Sie gingen weiter, und im Gehn
Waldfräulein hold, bald hier bald da,
Etwas, das sie nicht kannte, sah
Und blieb dabei verweilend stehn;
Frug bald um dieß, frug bald um das,
Bald war's ein Blümlein, bald ein Gras;
Des Wissens hatte sie Begehr,
Und frug so immer mehr und mehr;
Und ihre Sprache wie Gesang
Einsiedel in die Ohren klang!
»Was tönt doch Eurer Stimme Laut
So lieblich, Jungfrau, und so traut!«

Waldfräulein drauf: »Ihr scherzt fürwahr,
Die Eure klingt noch eins so klar;
Wie sich die Honigwab' ergießt,
Die fromme Lehr' vom Mund Euch fließt!«
Der fromme Mann beschämet spricht:
»Mein Wort ist ungelehrt und schlicht!« –

So klimmten sie am Waldstrom fort!
Stets wonnevoller ward der Ort;
Die Felsen schlossen dicht und dichter
Zusammen sich; die farb'gen Lichter
Spielten in bunten Flimmern drein,
Durch dunkles Laub, durch wild Gestein;
Und immer schwoll das Wasser mehr,
Und immer lauter schoß es her,
Und stäubt mit Diamantenglanz
In wildem immer wild'rem Tanz;
Und wie sie gehn noch wenig Schritte,
Da stehn sie in der Felsschlucht Mitte,
Und steil herab den Flutenschwall
Stürzt, donnergleich, der Wasserfall,
Und füllt des Felsenbeckens Raum
Mit weißem Perlengischt und Schaum;
Und in den Wasserstaub hinein
Fällt licht der Sonnenstrahlen Schein,
Daß, eine Brücke, drüber hin
Zwei farb'ge Regenbogen ziehn! –
Waldfräulein überwältigt ganz
Von dieser hehren Wunder Glanz,
In neuem staunenden Entzücken
Weiß ihre Lust nicht auszudrücken;
Hält sprachlos fest Einsiedels Hand
Und blickt hin nach der Felsenwand,
Von der der Lichtschaum bis zum Grund
Hinabstürzt aus dem schwarzen Schlund,
Und, wie das Becken überfließt,
Ein wilder Strom in's Thal sich gießt! –
Einsiedel, in Gedanken, spielt
Sanft mit dem Händchen, das er hielt,

Läßt einen Finger nach dem andern
Betrachtend durch die seinen wandern,
Bewundernd, wie sie glatt und zart,
Indeß die seinen rauh und hart. –
Waldfräulein endlich zu ihm spricht:
»Wie seid Ihr so in Euch versunken,
Indeß ich vor Entzücken trunken? –
Man sieht Euch, frommer Vater, an,
Daß Ihr das Ird'sche abgethan,
Nach jenseits nur den Blick gericht't!
Euch kümmert wenig mehr die Welt,
Ihr habt auf dort den Sinn gestellt.« –
Einsiedel auf Waldfräulein sieht,
Und nicht des Weges, den er zieht,
Und weil ein Baum lag über Quer,
Er gleitend bald gefallen wär'! –

Waldfräulein, die sich noch nicht satt
Am Wassersturz gesehen hat,
Möcht' gerne hier noch länger weilen;
Einsiedel aber mahnt zu eilen:
»Wir haben noch ein weit Stück Weg,
Und nirgend wo getriebnen Steg;
Beschwerlich ist es hier zu steigen,
Auch wird sich bald die Sonne neigen!
Der Weg ist rauh, o Jungfrau huldig,
Doch stützet Euch auf mich geduldig,
Ich leit' Euch, seid drum ohne Sorgen,
Zu meiner Klause wohlgeborgen.
Ein schlechtes Dach für solchen Gast,
Doch räum' ich sie Euch gern zur Rast!
Ich halt' indeß in warmer Nacht
Da draußen eine fromme Wacht;
Betrachtend, wie die Sterne gehn,
Und sich in ew'gen Kreisen drehn;
Wie sich in jenem goldnen Reigen
Die Allmacht wollt' so herrlich zeigen,
Daß nie an dieser Bilder Schein
Das Auge mag gesättigt sein;

Der Mensch in ihrem tiefsten Wesen
Von Neuem fort und fort möcht' lesen;
Die räthselvolle Zeichenschrift
Nach wahrem Sinne möchte deuten;
Den Hirten sehn der ew'gen Trift
Mit goldnem Stab die Heerde leiten!«

Indeß Einsiedel also spricht,
Vergißt er nicht des Führers Pflicht;
Und wo von Steinen eingeengt
Der Pfad, das Dorngebüsch gedrängt,
Bricht er der Jungfrau eine Bahn,
Leitet sie das Geröll hinan –
Faßt bald die Hand und bald den Arm,
Muß sie bald stützen und bald heben,
Muß halten ihren Leib umfaßt;
Und wie er hält die holde Last,
Fühlt er der sanften Glieder Beben,
Und ihren Athem fächeln warm!
Einsiedel seufzte tief und schwieg,
Das Blut ihm in die Wange stieg! –
Und in Gesprächen mancherlei
Kam so des Weges End' herbei;
Waldfräulein that von ihrem Herzen,
Von ihrem Gram und Liebesschmerzen,
Ablegen ihm aufricht'ge Beicht',
Zu machen ihren Busen leicht.
Und als sie dacht' der Zeit zurück,
Da rief sie mit verklärtem Blick:
»Ich habe viel seither gelitten,
Mit Elend und mit Noth gestritten;
Und sah, zu enden meine Pein,
Nicht Rettung, als im Tod allein;
Und doch, wenn ich an ihn gedenke,
Mich in sein wonnig Bild versenke,
In seines Blickes Ewigkeit,
Und denk' der Worte, die er sprach,
Als ich in seinen Armen lag,
Und wie mir seiner Stimme Klang,

Bis in die tiefste Seele drang,
Ein Zauber mich bezwang, mit Schweigen
Zu werden seinem Willen eigen –
Dann dünkt für diese Seligkeit
Jedweder Preis mir nur gering,
Und in der Schöpfung weitem Ring
Nur noch *ein* Wunsch, *ein* Glück allein:
In seiner Arme Haft zu sein!«

Einsiedel in der Wüstenei
Wußte noch nicht, was Liebe sei;
Doch wie er so die Maid gewahrt,
In seliger Begeist'rung ganz,
Schwimmend ihr Aug' im feuchten Glanz;
Sah, wie ihr purpurn von der Wang'
Ein tiefes Roth zum Nacken drang, –
Da, in den Rosen dieser Wangen,
Schien ihm itzt von der Liebe Art
Ein leises Ahnen aufgegangen!
Er fühlt's in seinen Adern kochen,
Das Herz laut an die Rippen pochen,
Ihm war in seinem Haupt zu Sinn,
Als schwärm' ein Immenstock darin! –
Wie sie bald rastend stille stehn,
Bald wieder rüst'gen Schrittes gehn,
Sind endlich sie gelangt zur Stelle
Und standen vor der stillen Zelle. –
Am stillsten Ort im ganzen Wald
War des Einsiedels Aufenthalt.
An eines kleinen Brünnleins Rand,
Von Holze roh gezimmert, stand
Die Klaus', acht Schuh kaum im Geviert,
Mit Geisblatt ihre Wand geziert.
Und auf dem Dach ein Glöcklein klein,
Das tönt mit heller Summe fein,
Daß es weit in die Ferne drang,
Wenn Sonntags froh anzog den Strang
Einsiedel – durch sein frommes Läuten –
Ob's selten auch ein Ohr vernahm,

Da Niemand in die Oede kam,
Den Tag des Herren anzudeuten!
Im engen Raum der Klause steht
Ein Schrein und Schemel zum Gebet;
Kein Hausrath sonst, und nur von Heu,
Statt allem Bett, lag frische Streu.
Ein Teller, Becher, irdner Krug,
Schien des Geschirres schon genug! –

Eh in die Klause, eng und klein,
Einsiedel führt die Jungfrau ein,
Hieß er sie ruhen auf der Bank,
Unter des Geisblatts duft'ger Rank',
Daß sich die zarte, wegesmatt,
Erst kärglich stärk', und esse satt.
Bringt Brod und Milch, und Honig her,
Stellt vor sie hin die rothe Beer',
Und sieht mit stillem Wohlgefallen
Sie essen von den Gaben allen.
Einsiedel mit Gesprächen würzt
Das Mahl, und ihr die Zeit verkürzt!
Ihm schien, es sei ein selig Leben
Zu zween in Gottesfurcht zu weben! –
So kam die Nacht herbei gemach.
Einsiedel zu der Jungfrau sprach:
»Geht ein mit Gott, habt gute Ruh,
Schließ' Euch der Schlaf die Augen zu;
Macht's Euch, so gut Ihr könnt, bequem,
Ich meine Stätt' hier außen nehm!
Und rufen Euch die Vöglein wach,
Dann führ' ich morgen aus dem Wald
Euch auf den freien Heerweg bald!«
So schlief Waldfräulein in der Zelle,
Einsiedel wachte auf der Schwelle! –

Sein heißes Auge floh der Schlaf?
Was ist's, das seine Seele traf?
Was treibt ihn aus des Gleichmuths Bahn
Und facht den Sturm im Busen an?

Wie ist selbst über diesen Frommen
Der innre Krieg und Zwiespalt kommen?
Er möchte sammeln seinen Geist,
Möcht' in Betrachtung sich versenken,
Die Herrlichkeit der Nacht bedenken; –
Vergebens! immer wieder ziehn
Zur Klaus' ihn dunkle Wünsche hin,
Und wie er wandelnd geht und denkt,
Er stets zum offnen Fenster lenkt!
Es warf des Mondes hellster Schein
Den Strahl grad in die Zell' hinein,
Und überdeckt mit seinem Licht
Waldfräuleins selig Angesicht! –
Wie sie in sanftem Schlummer liegt,
Den Fuß sie etwas vorwärts biegt;
Einsiedel kommt, und geht, und blickt,
Bleibt endlich stehn und ruft entzückt:
»Wie zierlich hat des Herren Gnade
Geformt doch dieser Jungfrau Wade!« –
Je mehr auf den viel lieben Gast
Sein Aug' betrachtend ruht, erfaßt
Ein stumm Entzücken ihn, die Brust
Durchflutet unbekannte Lust;
Er wußte nicht wie ihm geschah,
Ihm däucht, er sei dem Sterben nah,
Und zu ihm komm' ein lichtes Schemen,
Um seine Seele heim zu nehmen;
Es sei die Welt um ihn zerstoben,
Und von den Engelschaaren droben
Der schönste zu ihm abgesandt,
Zu leiten ihn an seiner Hand,
Nachdem das ird'sche Sein zerronnen,
Ihm aufzuthun das Land der Wonnen! –
Und langsam kehrt er um und sinnt,
Setzt sich dann, wo das Brünnlein rinnt,
Und thut ein fromm Gebet dem Herrn,
Zu halten die Versuchung fern!
Und wie er also hat gethan,
Erwartet er des Tages Nahn!

Fünfzehntes Abentheuer.

Wie Waldfräulein auf die Heerstraße zieht.

So ging die Nacht im Spessart grün
In des Einsiedels Zelle hin;
Schon weht der frische Morgenwind,
Die Blumen schon erwachet sind;
Das Wild, von freien Wiesenplätzen,
Das sich dort that an Kräutern letzen,
Zieht hin vom Dickicht, wo's den Tag
Am liebsten ruhn und rasten mag.
Waldfräulein schlief in süßem Schlummer,
Einsiedel wacht die Nacht in Kummer;
Sie fühlt, seit lange, heute Frieden,
Von ihm war grad die Ruh geschieden.
So ist, was in der Wesen Reich
Gleich scheinen mag, nicht immer gleich!
Die Wange röthet froher Muth,
Der *andern* Roth ist Schmerzensgluth! –
Als nun die Jungfrau aufgewacht,
Sie erst ihr Frühgebet bedacht';
Dann trat sie, wie ein frischer Strauß,
In aller Schönheit Blüth' heraus.
Und wie sie vor den Siedler trat,
Sie ihn mit süßer Stimme bat:
»Habt für die Herberg Dank! Bereit –
Wollt ihr mir geben das Geleit –
Bin ich zu gehn nun, ob ich fern
Auffinde meinen lieben Herrn!
Ihn« – rief sie mit angstvoller Hast –
»Ihn muß ich suchen, sonder Rast,
Mag schlafen er im Walde kühl,
Oder daheim auf seidnem Pfühl;
Ob er mir gönnet, hingeschmiegt
Zu liegen, wo sein Brakke liegt!« –

Einsiedel war der Zweifel voll,
Ob er zum Aufbruch treiben soll;
Ihm schien's so traurig nun allein,
So süß mit diesem Weib zu sein.
Der Augenblick des Glückes, hell,
Soll er ihn selbst abkürzen schnell? –
Er that's mit schwerem Herzeleid.
»Laßt uns denn ziehn, viel liebe Maid!«
Und wie sie gehn geraume Frist,
Endlich der Wald zu Ende ist.

»So lebe wohl!« – Einsiedel spricht –
»Warum dich Gott zu mir gesandt,
Die Ursach ist mir unbekannt,
Fast besser wär's, Er that es nicht!
Doch damit sei es, wie es sei!
Du bist jetzt auf der Heerstraß' frei,
So leite dich auf deinem Pfade
Nun weiter fort des Himmels Gnade!« –
Und – ob er's, ob er's nicht gebüßt –
Er sie doch auf die Stirne küßt! –
Den einen Kuß in seinem Leben
Wird ihm der liebe Gott vergeben! –

Waldfräulein stand verwundert groß. –
Getreten aus des Walds Verschloß
War jetzt ihr Fuß, zum erstenmal,
Hinaus in's freie reiche Thal.
Vor ihr lag rings das offne Land.
Die weite Fernsicht ausgespannt.
Es wallt in weiten grünen Bogen
Die Saat gleich wie bewegte Wogen,
Indeß das nächst gelegne Feld
Noch eben erst der Pflug bestellt;
In allen Farben glänzt die Au,
In Blumen roth, und gelb, und blau;
Es schlingt der Bach sein helles Band
Zwischen der dunklen Erlenwand,
Und zieht durch Wiesen seinen Pfad,

Bis fern er treibt der Mühle Rad!
Und freundlich her glänzt mancher Ort,
Hier ein Gehöft, ein Weiler dort. –
Und mittenhin läuft, vielgewandt,
Der offne Heerweg durch da« Land! –

Waldfräulein weiß gleich im Beginn
Nicht recht, nach welcher Richtung hin
Sie ihre Schritte wenden soll:
Ob rechts, ob links; zu jeder Seit'
Zieht sich vor ihr die Straße breit.
Sie weilte lange zweifelsvoll,
Doch da sie endlich weiter muß,
Faßt sie den richtigsten Entschluß:
Sie geht grad vorwärts, einem Bach
Und ihrem eignen Näschen nach.
So schritt sie fort geraume Zeit,
Der Weg dünkt ihr gewaltig weit;
Wohl ruht sie aus die müden Glieder,
Setzt sich in Baumes Schatten nieder,
Doch muß sie eben wieder auf,
Und weiter setzen ihren Lauf!
Sie nirgendwo ein Ende sieht,
Die Straße immer weiter zieht;
Senkt sie sich hier zum Thalgrund jäh',
Steigt dort sie wieder in die Höh';
Und wie die Zeit gemach verfloß,
Und bald der kühle Abend nah,
Und sie noch nicht das Ende sah,
Seufzt sie aus tiefer Brust beklommen:
»Ach Gott! wie ist die Welt so groß.
Wie soll da Eins zum Andern kommen!« –
Viel Wandrer zogen Kreuz und Quer,
Die Einen hin, die Andern her,
Doch nehmen sie von ihr nicht Kunde;
Und sah sie gleich in jed' Gesicht,
Sie fand das, das sie suchte, nicht. –
So ging vorüber Stund' auf Stunde,
Und endlich war sie müd' und matt,

Für heut' des Wanderns herzlich satt!
Da hörte sie von fern Gesang
Und lauten lust'gen Hörnerklang,
Und schallendes Gelächter drein,
Und Stimmen und verworrnes Schrein.
Es kam den breiten Weg entlang
Ein reis'ger Zug herangeritten,
Ein Banner weht in seiner Mitten;
Auf einem muth'gen stolzen Roß
Saß, hell in Waffen angethan,
Ein junger, schmucker Rittersmann,
Und hinter ihm her ritt sein Troß.
Schildknappen, und die Spielleut' fein;
Die spielten lust'ge Melodein!
Waldfräulein sah und staunte sehr,
Wer wohl der junge Ritter wär',
Und all' das prächtige Geleit,
Festlich geschmückt an seiner Seit'.
Sie blieb am Weg betrachtend stehn,
Wollt' lassen den Zug vorüber gehn.
Als sie der schöne Ritter sah,
Wohl hoch verwundert war er da:
Was thut, dacht' er in seinem Sinn,
Wohl dieses Fräulein jung und fein,
Hier auf der offnen Straß' allein;
Wo kommt sie her, wo will sie hin?
Und grüßt die fremde schöne Maid
Mit aller Sitt' und Höflichkeit.
»Wo wollt Ihr hin, o Jungfrau lieblich,
Sprecht, kann ich Euch zu Diensten sein?
Daß auf der Heerstraß' Ihr allein –
Verzeiht – es ist nicht eben üblich.
Wollt Ihr in meinem Schutze ziehn,
Dürft Ihr mir sagen nur wohin;
Und ob es nah sei oder weit,
Geb' ich euch willig das Geleit!«
Waldfräulein macht mit sitt'ger Beugung
Ihm eine höfliche Verneigung,
Und spricht mit ernster Würdigkeit:

»Ich bin mit Euch zu ziehn bereit!«
Da, auf des Ritters Wink, vom Bügel
Springt flugs ein Knecht, und führt am Zügel
Ein Maulthier her, hoch und gestreckt,
Mit reicher Decke überdeckt,
Auf das die schöne Maid er hebt,
Die zierlich in dem Sattel schwebt
Und also hehr und vornehm schien,
Als wär' sie eine Königin
Auf hohem, reichen Königsitze!
So zog sie an des Zuges Spitze,
Neben dem Ritter unbekannt,
Den sie auf offner Heerstraß fand. –

Sechzehntes Abentheuer.

Wie Waldfräulein mit dem fremden Ritter zieht.

Waldfräulein und der Ritter zogen,
Neben des Kornfelds grünen Wogen,
Selbander fort; Er hoch zu Pferd,
Sie auf dem Maulthier, ihr beschert! –
Der Ritter wüßte gern zu sagen,
Wem er zu Dienst sich angetragen;
Doch wie er sinnt in seinem Geist,
Ihm nichts die rechte Fährte weist.
Waldfräulein scheint gar seltner Art,
Ganz schlicht, und doch vornehm und zart;
So zierlich ihres Leibes Glieder,
Und auch zugleich so treu und bieder
Die Züg' in ihrem Angesicht,
In aller Schönheit hehr und licht!
Umsonst! Der Ritter nichts ergründet,
Nichts, wer die Jungfrau sei, verkündet.
Da spricht er endlich: »Edle Dame,
Ihr scheint, obgleich am Weg allein,
Doch alles Adels voll zu sein;
So daß Euch wohl mein Dienst gebührt.
Wie ist, ich bitt' Euch, Euer Name,
Und welch Geschäft ist's, das Euch führt
Nach Franken her? O sagt, wohin
Steht in der Folge Euer Sinn,
Daß ich Euch mag mit Nutzen dienen?«
Die Maid drauf mit gelass'nen Mienen:
»Waldfräulein heiß' ich; meinen Herrn,
Der mir abhanden, such' ich fern!«
»Wo aber kommt Ihr her?« – »Vom Wald!« –
»Da habt Ihr luft'gen Aufenthalt« –
Der Ritter drauf, was unzufrieden,
Daß sie ihn also kurz beschieden.
Es dünkt ihm mächtig sonderbar,

Was eben doch natürlich war!
Waldfräulein schweigt, nicht weil sie will,

Sie schweigt, weil sie nichts wußte, still.
Er drauf die Rede weiter lenkt;
Die Jungfrau, lieblich und gelassen,
Gibt zwar Bescheid, doch was sie spricht,
Wie er's auch auslegt und bedenkt,
Gibt unserm Ritter wenig Licht,
Und will nach keiner Seite passen.
So daß es ihm am Ende scheint, –
Was jüngst auch Caprus schon gemeint,
Worin sie Beid' indeß geirrt, –
Die Jungfrau sei im Haupt verwirrt! –

Als sie ein gutes Stück geritten,
Da lugt von eines Berges Mitten
Das alte Schloß von Zabelstein
Gewaltig in das Land hinein;
Und dicht an seine Höh gelehnt
Sich eine große Wiese dehnt.
Da regt sich eine lust'ge Welt
Um manch ein schön geschmücktes Zelt;
Denn hier aus weitem deutschen Land
Sich Ritterschaft zusammenfand
Froh zu Trost und Lanzenbrechen,
Und in geschloss'ner Bahn zum Stechen.
Graf Wipprecht hatt' zu diesem Spiel
Geladen rings der Ritter viel';
Die sah man nun von allen Seiten
Sich auf dem grünen Anger breiten!

Und hier ein Häuflein, eines dort
Bequemt sich, wie es kann, dem Ort;
Die spannen Linnen für die Nacht,
Die halten bei den Rossen Wacht;
Die schlagen Pflöck' ein; auf der Bank
Putzt jener sich das Rüstzeug blank.
Hier brennt ein lustig Feuer auf –

Den Bratspieß her, den Hammel drauf! –
Ein Labsal für den durst'gen Schlund
Fliegt aus dem Fasse dort der Spund!
So treibt denn, bis die Nacht heran,
Ein jeder was er mag und kann! –

Auch unser Zug setzt sich zurecht;
Den Boden ebnen rings die Knecht',
Worauf sie dann das Zelt erheben;
Sie haben drin für diese Nacht
Zwei Lagerbetten angebracht;
Die Rosse stehn am Pflock daneben,
Und niederstreckt, davon nicht weit,
Der Troß sich, um ein Feuer breit.
So ist denn, in und außerm Zelt,
Alles bereit und wohl bestellt.
Die Nacht, mit trauter Dunkelheit,
Beschattet schon die Gegend weit,
Und meint der Ritter: nun sei's Zeit,
Daß man des Schlafes sich erfreut!
Er sieht vorher, ob weich und gut
Das Lager, wo Waldfräulein ruht,
Mit Decken wann bedeckt der Schragen;
Und wie er Alles wohl befunden,
Geht er, in aller Artigkeit
Sein halbes Zelt ihr anzutragen. –
Vergebne Müh! fort war die Maid,
Die Jungfrau fehlt – sie war verschwunden! –

Siebenzehntes Abentheuer.

Wie Waldfräulein ihren Großvater wiederfindet.

O Lerchensang, o Maienschall,
O Nachtigall, du Liebeshall,
Der trauten Vöglein Singen,
Wie thut es quellen und klingen!
Wenn träumen die Wälder in stiller Ruh',
Dann flötest und wirbelst im Busche du,
Willst mit sehnsücht'gem Ringen
Die Nacht zu weilen zwingen!
Die Lerch' indeß beginnt zu wecken,
Ihr Köpflein aus dem Thau zu recken,
Und bringt dem Licht ein Grüßen,
Dem Morgen, dem viel süßen!
Dies sind die frommen Psalmen,
Die in den Büschen und Halmen
Bei Tag und Nacht die Vöglein klein
Dem Herrn in aller Unschuld weihn!
Waldfräulein hatt', entfernt vom Zelt,
Dem Rebhuhn gleich, am Ackerfeld
Sich hinter einen Busch gelegt,
Und dort des süßen Schlafs gepflegt.
Die Wipfel rauschten lind dazu,
Die Nachtigall sang sie zur Ruh';
Und früh, sobald der Lerche Schlag
Willkommen hieß den jungen Tag,
Sie auf die holden Augen schloß! –
Noch lag in Schweigen die Natur
Da kniete sie in stiller Flur,
Und faltete die Händlein weiß;
Und eine schwere Thräne heiß
Dabei ihr aus der Wimper floß.
Sie betete zu Gott dem Herrn:
»Trag, lieber Gott, in deinen Hulden
Mit meiner Schwäche ein Gedulden,
Und lasse mich den theuern Mann,

Dem ich geworden unterthan,
In treuer Liebe wieder finden!« –
Und allgemach verglomm der Stern
Des Morgens, und ein flammend Meer
Goß seine Gluten rings umher,
Des Herren Altar zu entzünden;
Bis hell im Osten stieg die Sonne,
Verkündigend des Tages Wonne! –

Auch auf der Wiese weitem Plan
Fing sich das Volk zu regen an;
Die Feuer waren ausgeglommen,
Die Waffen wurden aufgenommen;
Man war in keinem Winkel faul:
Der putzt sein Schwert, der seinen Gaul,
Die sorgen hier, die sorgen dort,
Hier zieht ein Zug, dort einer fort,
Und tummelt sich auf grünem Rasen,
Und wacker die Trompeter blasen!
So war denn Alles, wohlbestellt,
Gezogen auf des Kampfspiels Feld!
Auf eines Blachfelds weitem Plan
Waren die Schranken aufgethan,
Und weit und breit kam Jung und Alt,
Das Spiel zu sehn, herbeigewallt.
Und wie der Platz auch däuchte voll,
Die Menge immer dichter schwoll.
Da war kein zollbreit leerer Raum,
Man kletterte auf Stock und Baum,
Hier lachte man, dort gab es Streit,
Ein jeder sprach zu gleicher Zeit;
Die Spielleut' in das wilde Schrein
Bliesen mit vollen Backen drein,
Und durch die Menge unverdrossen
Der Schallsnarr sprang und machte Possen! –

Am andern End' der Schranken rund
Erhob sich allgemach der Grund,
Und war der Platz den Blicken frei!

Dort hatte man, in langer Reih,
Zum Wetterschutz auf bunten Stangen
Ein seiden Zeltdach aufgehangen.
Dort saßen, lieblich anzuschaun,
Die Ritter und die Edelfraun;
Und mitten, mit den Haaren weiß,
Der Pfalzgraf, ein gebückter Greis.
Der trug die Last von achtzig Jahren
Und hatte viel des Leids erfahren!

Als sie den Hörnerklang vernahm,
Waldfräulein aus dem Busche kam;
Schon fand sie leer das Lagerfeld,
Und weder Ritter, Roß, noch Zelt.
Noch immer zog viel Volk herbei
Und lenkte nach dem Blachfeld frei,
In gleichem Strome, Well' und Welle.
Sie folgt dem Zug und kommt zur Stelle!
Sie schreckt zurück, als vor dem Blick
Sich aufthut das Gewimmel dick;
Giebt's so viel Menschen in der Welt?
Sie hatte sich's nicht vorgestellt! –
Sie sieht umher – hier muß er sein!
Hier *muß* sie ihren Herrn gewahren,
Hier Kunde wenigstens erfahren,
Dort ist er! – hier! Er ist's – ach nein!
So sucht sie fort rings im Gedränge,
Und ungeheißen weicht die Menge,
Das Volk, die Wärtel, das Gesind,
Als wär' sie hoher Leute Kind.
Sie schien ein Wesen eigner Art,
Gleich einem Blumenstengel zart,
Und glutenstrahlend doch zugleich
Den Wunderblumen Indiens gleich;
Daß, wer sie sieht, verwundert schreit:
»Sieh dort die schöne Elfenmaid!« –
Sie aber schwebt, mit leichtem Schritte,
Ernst durch des frohen Volkes Mitte,
Und geht durch seine dichten Reihn,

Als trüg' sie einen Heil'genschein!
Was sie hier sieht, ihr ist es neu,
Doch faßt sie Staunen nicht noch Scheu.
Sie sucht nur ihrer Liebe Recht,
Sie kümmert nicht das Scheingefecht;
Nur Einen sucht sie in der Welt,
Auf den ihr Herzblut ist gestellt.
Sie sieht die Ritter nach der Reih',
Ihr Ritter, ach! ist nicht dabei! –
Da sieh' – stiegt einer in den Sand –
Und es entfällt der Eisenhand
Der Lanze Schaft, wie Glas zersplittert;
Der Andr' indeß bleibt unerschüttert!
Ein schlanker Held, von Hüften schmal
Und breit von Brust; in schwarzem Stahl. –
Er steigt vom Roß; der Jubel schallt!
Ein lautes Echo gibt der Wald –
Es klingt ein Blasen, Musiziren,
Ein lautes Rufen, Jubiliren;
Dann führt man ihn hindurch den Plan,
Zum Fürstengreis den Sitz hinan! –
Waldfräulein wendet sich und schaut –
Sie bebt – es pocht ihr Herze laut
Und schlägt hoch auf, als wollt' sein Drängen
Des Busens schöne Decke sprengen! –
Das ist sein Wuchs – das ist sein Gehn –
Noch kann sie nicht sein Antlitz sehn –
Und weiter stürzt sie ohne Rast,
Als höben Flügel ihre Hast,
Grad auf den Sitz des Fürsten zu! –

Vor ihm der junge Ritter kniet,
Und will von ihm den Dank empfangen;
Da, von dem Nacken niederhangen
Der Fürst Waldfräuleins Goldschuh sieht!
»Hilf Himmel – meiner Tochter Schuh!« –
Der Pfalzgraf blaß. – »Du bist's, du bist's!«
Waldfräulein jauchzt. – »Sie ist's, sie ist's!«
Herr Aechter in Entzücken schreit,

Und aus nach ihr die Arme spreit't –
Und beide halten sich umschlungen,
Mit ihren Händen fest umrungen! –
Endlich der Greis mit Zittern spricht:
»Hätt' sie nicht diese Hand begraben,
Ich schwüre, sie vor mir zu haben!
Woher der Schuh, o täuscht mich nicht!
Beim hohen Gott, an diesem Schuh
Hängt meine Seligkeit und Ruh!
Wer, sage junges Weib, bist du?« –
»Waldfräulein werd' ich zugenannt,
Meine Sippen sind mir unbekannt;
Meine Mutter starb in Kindeswehn,
Ihr Antlitz hab' ich nie gesehn;
Das aber, Herr, das war ihr Schuh!« –
»Die Mutter – Kind! die dich gebar,
Einst meine liebe Tochter war!« –
So schluchzt der Greis in Freud und Schmerz,
Und sank der Enkelin an's Herz! –

Als Alles das das Volk erschaut,
Da wird erst recht der Jubel laut;
Man trägt den Greis, man trägt die Maid,
Man trägt Herrn Aechter, groß und breit,
Erhoben auf den Schultern fort
Nach Zabelstein, der Beste dort!
Und einer rief es zu dem Andern,
Wo Zween desselben Weges wandern:
»Es hat der Pfalzgraf zu dieser Stunden
Sein lieblich Kindeskind gefunden!« –

Achtzehntes Abentheuer.

Wie die Schwalben zu Möspelbrunn ein Nest bauen.

O Spessart, edler Forst, du bist
Der Wälder Preis zu jeder Frist;
Doch war noch nie so grün dein Kleid,
So frisch und duftig nie wie heut
Dein Veilchenrasen; nie am Quell
Blühten Vergißmeinnicht so hell;
Es war von Perlen so bethaut
Noch nie das rothe Haidekraut;
Noch sangen in der Bäume Kron'
Die Vögel nie so süßen Ton;
Nie spreitete sein stolz Gefieder
Der Spielhahn noch so trotzig wider;
Noch trug je sein Geweih so stolz
Der Edelhirsch wie heut zu Holz! –
Von Möspelbrunn, dem alten Schloß,
Wo eben jetzt die Freude groß,
Durch deine Tiefen, edler Wald,
Ein lauter Jubelruf erschallt;
Ja selbst der See, aus dem sich's hebt,
Bis tief in seinen Grund erbebt! –
Es tönen Zimbeln dort und Geigen,
Es stampft das junge Volk den Reigen,
Die Alten sitzen beim Pokal,
Beim reichen, freud'gen Hochzeitsmahl:
Der Bräut'gam ist Herr Aechter traut,
Waldfräulein aber ist die Braut,
Und nie ward je das Aug' gewahr
Ein wonnetrunk'ner Liebespaar! –
Als nun der Gäst' erles'ne Schaar
Zumeist des Festes selig war,
Herr Aechter sacht die Braut erkürt,
Und heimlich sie von dannen führt,
Mit ihr in's Brautgemach zu gehn. –
Und als sie kommen an die Stelle,

Finden sie an des Eingangs Schwelle
Die beiden Goldpantoffel stehn.
Sie stellt' dahin als Brautgeschenke
Die Spessartfee, wie ich gedenke,
Zum Zeichen, daß der Bann jetzt aus,
Und Glück und Freude weil' im Haus! –

O Nacht, zieh' deine Schleier zu,
Laß deine stillsten Schatten dunkeln;
Nur die Gestirne mögen funkeln
Und leuchten ihrer holden Ruh!
Indeß sie ihre Seelen tauschen,
Laß, Spessart, deine Wipfel rauschen!
Zum Schlummer, wenn sie liebesmüd',
Sing' ihnen zu ein hohes Lied!
»Das Leben ist so lang und leer,
Was bot' es, wenn die Lieb' nicht wär'?«
O öffnet Euern Busen weit,
Laßt ein die ganze Seligkeit,
Denn wißt, daß wenn Ihr ausgeliebt,
Die Erd' Euch keine zweite gibt,
Und daß, so lang ihr Zauber währt,
Ihr jede andre leicht entbehrt!
Die Lieb' ist gleich des Himmels Blau,
Nehmt es, und er ist öd' und grau! –

Und nun lebt wohl, die bis hierher
Ihr wolltet horchen dieser Mähr!
Aus ist das Lied, das ich Euch sang,
Vielleicht währt's schon bis jetzt zu lang! –
Um die Ihr durftet Sorge hegen,
Ihr seht, sie sind auf guten Wegen;
Waldfräulein ist ein freudig Weib,
Herr Rechter treu mit Seel' und Leib.
Die, nach dem langen Trennungsschmerz,
Liegen nun beide Herz an Herz;
Wie sie entschlafen Kuß, auf Kuß,
Sind sie erwacht mit gleichem Gruß!
Und als sie früh im Erker stehn

Und nach des Spessarts Waldgrund sehn,
Wie er in Gold glüht allgemach –
Da klappert laut der Storch vom Dach!
Lenzschwalben stiegen herbei, die singen,
Die hellen Stimmen vernehmlich klingen:
»Wir kommen zu dir, wir kommen zu dir,
Wir bauen ein Nest, wir bleiben hier!
Bald zwitschern drin die Jungen fein!
Bald wiegt Waldfräulein ein Söhnlein klein!
Wir kommen zu dir, wir kommen zu dir,
Wir bauen ein Nest, wir bleiben hier!« –

Über tredition

Eigenes Buch veröffentlichen

tredition wurde 2006 in Hamburg gegründet und hat seither mehrere tausend Buchtitel veröffentlicht. Autoren veröffentlichen in wenigen leichten Schritten gedruckte Bücher, e-Books und audio-Books. tredition hat das Ziel, die beste und fairste Veröffentlichungsmöglichkeit für Autoren zu bieten.

tredition wurde mit der Erkenntnis gegründet, dass nur etwa jedes 200. bei Verlagen eingereichte Manuskript veröffentlicht wird. Dabei hat jedes Buch seinen Markt, also seine Leser. tredition sorgt dafür, dass für jedes Buch die Leserschaft auch erreicht wird.

Im einzigartigen Literatur-Netzwerk von tredition bieten zahlreiche Literatur-Partner (das sind Lektoren, Übersetzer, Hörbuchsprecher und Illustratoren) ihre Dienstleistung an, um Manuskripte zu verbessern oder die Vielfalt zu erhöhen. Autoren vereinbaren direkt mit den Literatur-Partnern die Konditionen ihrer Zusammenarbeit und partizipieren gemeinsam am Erfolg des Buches.

Das gesamte Verlagsprogramm von tredition ist bei allen stationären Buchhandlungen und Online-Buchhändlern wie z. B. Amazon erhältlich. e-Books stehen bei den führenden Online-Portalen (z. B. iBookstore von Apple oder Kindle von Amazon) zum Verkauf.

Einfach leicht ein Buch veröffentlichen: **www.tredition.de**

Eigene Buchreihe oder eigenen Verlag gründen

Seit 2009 bietet tredition sein Verlagskonzept auch als sogenanntes "White-Label" an. Das bedeutet, dass andere Unternehmen, Institutionen und Personen risikofrei und unkompliziert selbst zum Herausgeber von Büchern und Buchreihen unter eigener Marke werden können. tredition übernimmt dabei das komplette Herstellungs- und Distributionsrisiko.

Zahlreiche Zeitschriften-, Zeitungs- und Buchverlage, Universitäten, Forschungseinrichtungen u.v.m. nutzen diese Dienstleistung von tredition, um unter eigener Marke ohne Risiko Bücher zu verlegen.

Alle Informationen im Internet: **www.tredition.de/fuer-verlage**

tredition wurde mit mehreren Innovationspreisen ausgezeichnet, u. a. mit dem Webfuture Award und dem Innovationspreis der Buch Digitale.

tredition ist Mitglied im Börsenverein des Deutschen Buchhandels.

Dieses Werk elektronisch lesen

Dieses Werk ist Teil der Gutenberg-DE Edition DVD. Diese enthält das komplette Archiv des Projekt Gutenberg-DE. Die DVD ist im Internet erhältlich auf **http://gutenbergshop.abc.de**

Zeitfracht Medien GmbH
Ferdinand-Jühlke-Straße 7
99095 Erfurt, Deutschland
produktsicherheit@kolibri360.de